Harriet Rubin
Machiavelli für Frauen

Harriet Rubin

Machiavelli für Frauen

Strategie und Taktik im Kampf der Geschlechter

Aus dem Amerikanischen von
Susanne Dahmann

Büchergilde Gutenberg

Lizenzausgabe für die Büchergilde Gutenberg
Frankfurt am Main und Wien
mit freundlicher Genehmigung des
Wolfgang Krüger Verlags, Frankfurt am Main
Die amerikanische Originalausgabe erschien 1997
unter dem Titel ›The Princessa. Machiavelli for Women‹
im Verlag Doubleday, New York

Deutsche Ausgabe:

Umschlag: Uta Schneider, Frankfurt am Main
Satz: Wagner GmbH, Nördlingen
Druck und Einband: Clausen & Bosse, Leck
Printed in Germany 1998
ISBN 3 7632 4826 9

Für Avram

Inhalt

Das Buch der Taktik

Das Buch der feinsinnigen Waffen

Ein Fürst ist ein Mann vor Männern, ein gerissener Kämpfer, ein eiserner Herrscher, der sich vom Leben nimmt, was er braucht. Dieser Begriff ist immer ein ehrenvoller gewesen, während das weibliche Pendant – Fürstin – bis heute der Verhöhnung dient.

Katherine Anne Porter hat es am besten ausgedrückt: »Was ein Mann für Gott getan hat, hat eine Frau immer für einen Mann getan.« Aber von nun an kann eine Fürstin für sich selbst sorgen. Hören Sie folgende Parabel: Zwei Schwestern unternahmen eine Reise. Nach einem langen Tag kamen sie schließlich in ihrem Hotelzimmer an. Das Zimmer war in Ordnung, aber nicht komfortabel. Die jüngere Schwester war zufrieden, aber die ältere bestand darauf, daß sie sofort umzögen. »Jede Nacht in meinem Leben ist wichtig«, erklärte sie ihrer erschöpften Schwester.

Eine Fürstin ist, wie Machiavellis Fürst, eine Frau vor Frauen, eine gerissene Kämpferin, eine eiserne Herrscherin. Nehmen Sie vom Leben, was Sie brauchen, und vergessen Sie nie: Jede Nacht ist wichtig, und jeder Tag gehört Ihnen.

Ein Brief von der Machiavella, zu der ich geworden bin, an die Leserin, die Fürstin eines gepeinigten, krisengeschüttelten Reiches

Ich habe dieses Buch für Sie geschrieben, Fürstin. Wie Machiavellis Fürst sitzen Sie vielleicht an einem sicheren Ort und sehnen sich danach, Kontrolle über Ihr Leben, Ihre Liebe und Ihre Probleme zu gewinnen – gerade so, wie der junge florentinische Fürst verzweifelt ein Reich, das Amok lief, unter Kontrolle zu bringen suchte. In diesem Augenblick erschien Machiavelli auf der Bühne des Medici-Palastes, um dem Fürsten in Geschichten und Lektionen mitzuteilen, wie die großen Cäsaren, Spanier und Päpste ähnliche Schwierigkeiten überwanden, indem sie kämpften.

In diesem Buch geht es um Krieg, jedoch nicht um den blutigen Krieg, wie er duch Cäsars Haß, Sun Tzus Betrügereien oder Napoleons Egomanie hervorgerufen wurde. Es geht um die Kriege der Intimität, in denen der Feind so nahe ist, daß er Sie verletzen, Sie betrügen und bekämpfen kann, sei er nun Ehemann, Chef, Kunde, Elternteil oder Kind. Dieses Buch handelt vom Krieg als dem Weg zur Macht. Mit Krieg meine ich Konflikt, und mit Konflikt meine ich eine bestimmte Art der Beziehung zu anderen, zu Ihnen selbst und zur Welt. Konflikt bedeutet Kontakt – er braucht Macht und baut Macht auf.

In jeder Begegnung hat eine Person mehr Kontrolle über die Situation als die andere, und Ihr Gegenüber wird gegen das, was Sie wollen, kämpfen. Wenn Sie unterliegen, dann verlieren Sie Ihren Kampf um ein besseres, gerechteres, gediegeneres und süßeres Leben. Die meisten von uns konnten den Konflikt, den wir in uns verborgen halten – all die unerfüllten Wünsche –, nicht ausdrücken. Nur Tränen der Frustration oder Trauer, Wut, Niedergeschlagenheit, Schweigen und Unterwerfung standen ihnen zur Verfügung – Gefühle, die oft mit sofortigen und unwiederbringlichen Verlusten verbunden sind.

Ich habe einen Weg für die Frau entdeckt, ihre Wut und ihre Wünsche zu beherrschen.

Wie sehr wir diese Fähigkeit brauchen, wurde mir in einer Nacht klar, als ich in der Palace Bar in San Francisco saß. Es war zwei Uhr nachts. Der Mann am Klavier war längst gegangen, aber meine Freundinnen Nora und Judith und ich gingen nirgendwohin, obwohl Nora am Ende war, und Judith versuchte, nicht daran zu denken, wo ihr Liebhaber in dieser Nacht landen würde – ob bei ihr oder einer anderen. Ich hatte versprochen, D. anzurufen, sowie ich wieder in meinem Hotel wäre, aber der Klang seiner Stimme war wie eine kalte Dusche, unter die ich mich nicht stellen wollte, die Stimme eines Mannes, der mich in Zeiten, in denen ich ihn am meisten brauchte, allein gelassen hatte. Was war bloß los mit uns, drei Frauen, die ihren Erfolg wie einen preisgekrönten Hund an der Leine herumführten? Warum hatten wir Angst, unserem eigenen Leben ins Gesicht zu sehen? Warum kämpften wir nicht, sondern verhielten uns wie Feiglinge?

Da saßen wir nun, drei gestandene Frauen, von denen jede ein Millionen-Dollar-Geschäft aushandeln kann, aber nicht ihr eigenes Gehalt. Wir wollen alles kontrollieren, geraten aber immer wieder in Beziehungen, in denen wir jede Kontrolle aufgeben und am Ende das Spiel unserer Liebhaber spielen. Obwohl wir stark sind, verlangen wir nur ganz wenig und sind auch noch überrascht, wenn wir es bekommen. Wenn ich auf dem Weg zur Arbeit den Times Square überquere, sehe ich ein Werbeplakat nach dem anderen, das »Live Girls on Stage!« anpreist. Vielleicht hasse ich das, wofür diese Plakate stehen, aber die Ironie gefällt mir dennoch: »lebendige« Mädchen verdienen es, Stars zu sein. Auf den Straßen hingegen drängen sich Scharen von abgestorben wirkenden Frauen an mir vorbei, der Blick leer, die Erscheinung passiv, das Ego von den eigenen negativen Erwartungen erschlagen.

Bis heute hatten Frauen keine Sprache für den Kampf. Ich wußte immer, daß ich Macht wollte, wußte aber nicht, wie sie erlangen. Als ich Lektorin wurde, arbeitete ich mit Autoren zusammen und half ihnen, die Bücher zu machen, die sie einer intellektuellen Gefolgschaft versicherten. Ich brachte mir selbst bei, ihre Verlegerin zu sein, die Geschäftsfrau, der sie ihre Verhandlungen und ihre Worte anvertrauten. Indem ich ihre intellektuelle Vertraute wurde, kam ich dem Zentrum, das sie am Leben hielt, immer näher.

Ein höchst einsiedlerisch lebender leitender Manager lud mich gar in sein Allerheiligstes ein und bat mich, dessen Gänge und Windungen zu betrachten, als würde ich seinen Verstand analysieren. Ich konnte viele Geschäftsmänner und Management-Gurus, Trendsetter und Strategen sowohl im Sitzungssaal wie auch in ihren Gefühlsmomenten beobachten. Ich wurde zum Behältnis für ihre Bekenntnisse, ihre Ambitionen, ihre Ängste und vieles mehr. Sie verrieten mir, wie sie ihre Vermögen machten. Sie zeigten mir, wie man Untergebene und Lehensleute beherrscht. Und aus allem, was sie mir beibrachten, lernte ich, wie man in einer Firma aufsteigt. Wie man sich in einer Beziehung entwickelt. Wie man sich nimmt, was man von der Welt will.

Wenn wir nicht lernen, uns selbst etwas zu nehmen, dann sind wir verdammt dazu, Fürstinnen ohne Land zu sein, wir werden über keinen Palast regieren, sondern in der Palace Bar gefangen sein, durch unser Versagen geschützt.

Sie werden hier von Frauen lesen, die die Herrschaft über ihr Fürstentum errungen haben. Sie werden Strategien lernen, die Kriege der Intimität zu gewinnen. Ich werde nicht zulassen, daß Sie die Suche aufgeben, denn das würde Sie Ihr Leben, Ihr Glück kosten. »Wenn ich gewußt hätte, wie man kämpft«, sagte die Mutter einer Freundin einmal, »hätte ich ein besseres Leben gehabt.«

»Ihr müßt lernen, nicht vorsichtig zu sein«, bleute die Fotografin Diane Arbus ihren Studentinnen ein. Denn vorsichtig sein bedeutet sicher, friedlich und am Rande des Geschehens.

In dieser Nacht entschloß ich mich, in die Fußstapfen Machiavellis zu treten, und alles, was ich gelernt hatte, endlich zu meinen eigenen Gunsten auszunutzen.

Ich werde Sie den Krieg lehren.

Der Krieg ist der Vater aller Dinge, sagt Heraklit. Kinder kämpfen sich ins Leben. Die ersten Tulpen im Frühling tragen messerscharfe Blätter, um sich ihren Weg aus der noch halb gefrorenen Erde zu kämpfen. Man muß sich nicht schämen, wenn man kämpft.

Sie werden in diesem Buch lernen, wie man einen Feind besiegt, der Ihre Träume töten will. Sie werden sehen, daß Sie Hindernisse auf Ihrem Weg zum Glück beiseite schieben können. Sie werden erkennen, wie Sie das bekommen können, was Sie wollen. Nicht durch Anmaßung oder Aggression. Nicht, indem Sie Ihre Stimme oder Ihre Faust erheben. Nicht mit brutalen Mitteln, sondern indem Sie eine große Autorität gewinnen. Sie werden lernen, daß Sie nur siegen, wenn Sie sich selbst etwas nehmen. Die meisten Frauen glauben, daß man sein Leben verbessert, indem man die schlechten Dinge daraus entfernt. Fürstinnen fügen ihm gute Dinge hinzu. Sie werden die Kunst der unterschwelligen Macht erlernen, die sich in Strategie ausdrückt. Der Schlüssel zur Strategie liegt in der Macht der Gegensätzlichkeiten.

Das erste Gesetz der Fürstin lautet, eine Frau zu werden, die Gegensätze verbindet.

Teile Ihrer Persönlichkeit, die Sie als widersprüchlich oder gegensätzlich empfinden, sind siegreiche Verbündete im Kampf. Ihre Schwäche rührt daher, daß Sie glauben, nicht gleichzeitig Liebende und Kriegerin sein zu können. Das ist ein grober Fehler. Große Krieger haben begriffen, daß *wild* mit *liebend* zusammengehört, ebenso wie *Konfrontation* mit *Friede* und *Tapferkeit* mit *Verletzlichkeit*. Jackie Onassis ist von denen, die sie kannten, immer als eine Mischung von Menschlichkeit und Arroganz, von Leiden und Souveränität beschrieben worden.

Sie erweckte den Eindruck, verwundet und doch allmächtig zu sein. Dies war die Quelle ihrer beherrschenden Kraft.

Die Strategien des Krieges – oder der Konfrontation – hängen von einem grundsätzlichen Punkt in Ihrem Selbstverständnis ab. Die Fürstin ist eine Meisterin im Verbinden solcher Gegensätze.

Man sagt, die Götter des Olymp seien mächtig gewesen. Warum? Weil sie Gegensätze vereinten. Sie beherrschten die Schlachtfelder, da sie in zwei Welten zu Hause waren. Die Frau, die Gegensätze zu vereinen vermag, wird zur Liebhaberin und zur Kriegerin. Sie bekommt, was sie will, denn sie hat gelernt, das Handwerkszeug des einen Feldes auf dem anderen zu verwenden, und das macht sie stark.

Ich bin auf zwei Wegen zu dieser Erkenntnis gelangt. Zum einen durch Machiavelli selbst; dieser – alter Höfling und geschickter Taktiker, der er war – gestand, den »Fürst« für Männer und über Männer geschrieben zu haben. »Nicht die Frau ist der Wolf des Mannes, sondern der Mann selbst. Nicht Frauen essen Männer, sondern die Männer essen einander«, schrieb er. Keines seiner Gesetze ist für Frauen geeignet. Sie richten sich, seiner Absicht gemäß, an kaltblütige Rechner, an Menschen, bei denen der Ehrgeiz das Gewissen übertrumpft. Napoleon und Stalin haben sich bei der Indoktrination ihrer Völker von Machiavellis Gesetzen begeistern lassen ähnlich wie, unserer eigenen Zeit und unseren zivilisierten Kriegen näher, Michael Milken und Michael Ovitz, die eine speziell politische Kriegskunst lehren.

Machiavellis Fürst mußte eine strenge Haltung einnehmen: distanziert, geschickt, destruktiv. Er sollte für alle Menschen derselbe sein. Eine Fürstin hat zwangsläufig ein anderes Ziel: Sie muß den Status quo durchbrechen, die Erwartungen der Menschen neu ordnen und auf diese Weise das erlangen, was ihr zusteht. Die Fürstin kam in diese Welt, um sie zu verändern.

Sie kann sich nicht wie ein einfacher, einseitig ausgerichteter Kämpfer verhalten. Sie muß die Liebhaberin *und* die Kriegerin sein.

Der zweite Weg, der mich zu meinem Verständnis von Krieg führte, war das Studium der großen kriegerischen Fürstinnen der Geschichte. Die Tradition (die wir doch kaum kennen) behindert unsere wahre Entwicklung nicht, sondern ist vielmehr ihr Herz, ihre Seele und ihr Motor. Unsere Ahnen waren Abenteurerinnen und Entdeckerinnen, Spioninnen und Widerständlerinnen, Pionierinnen und Kämpferinnen. Junge Samurais entdeckten die Kräfte ihres Körpers durch ihren Sensei, ihren Meister, der ihnen zeigte, wie sein Sensei eine bestimmte Pose eingenommen hatte und vor ihm wiederum dessen Sensei. Auch die Fürstin kann sich auf ihre Vorfahren besinnen. Die Geschichte von kriegerischen Fürstinnen zu kennen bedeutet, einen gemeinsamen Geist in unserer besonderen Herkunft zu spüren.

Aber wir hatten keine weibliche »Ilias«. Unser Wissen über den Kampf ist allzuoft auf das beschränkt, was ein paar herausragende Frauen in einem Geplänkel errangen. Diese schwache Vorstellung von Erfolg beruhte mehr auf den Fakten und Umständen wohlverdienter Strafe und Wut als auf den Strategien und Taktiken des Triumphs. Sie hat ihren Ursprung in Jahrhunderten der Vernichtung und der Kompromisse und – noch schlimmer – ist gegründet auf Regeln des Kampfes, die unsere Niederlage und unsere Resignation untermauern.

Heutzutage gelangen Frauen gewöhnlich nach oben, indem sie auf die männlichen Modelle der Macht oder auf die Strategien der Ballsportarten vertrauen. Sie begehen Fouls oder halten sich in der Mitte, sie verhandeln und schließen Kompromisse. Verhandlungen enden immer mit einem Kompromiß – das müssen Frauen nur zu oft erfahren. Solche Taktiken sind unerläßlich, wenn das Ziel der Sieg ist. Ist das Ziel jedoch ein subtileres, dann bedeutet siegen die anderen zu übertreffen. Und das verlangt, daß man gegen sich selbst ebensoviel kämpft, wie gegen die anderen. Das hat etwas vom Gefühl eines olympischen Sieges: ein Ereignis, bei dem man die Verlierer nicht nur hinter sich, sondern auch noch atemlos und erschrocken zurückläßt.

Starke Frauen beklagen sich darüber, daß sie nicht weiterkommen, dabei haben sie das für sie unpassende Erbe männlicher Kampfstrategien angetreten. Kein Wunder, denn sie vermischen Kämpfen mit Sich-Abmühen. Sie verwechseln »Überleben« mit »Erfolg haben«. *Sie beklagen sich über die Mauern, haben aber doch selbst geholfen, sie zu errichten.*

Hat man die falschen Regeln verinnerlicht, dann kämpft man nicht für etwas, sondern nur gegen sich selbst. Will eine Frau triumphieren, dann darf sie nicht die allgemeinen Spielregeln akzeptieren, denn es sind nicht die ihren, sie wurden nicht erdacht, um ihre Kräfte zu verstärken. Sie muß das Spiel verändern. Wer sich an die Spielregeln eines anderen hält – sei das nun ein Mann, eine Frau oder ein Kind –, der unterstützt letztendlich nur die Regeln, die den Gegner begünstigen.

Die Frau, die die Regeln verändert, spielt *ihr* Spiel. Sie ignoriert die einfach gestrickten Ideen, wie man als Manager oder Führungskraft nur durch Präsentation eines großen Planes und nicht mit einer Schritt-für-Schritt-Strategie zu Heldenruhm gelangt.

Auf keinen Fall kann sich eine Frau auf den »Fürsten« verlassen. Machiavellis klassisches Werk ist vor allem dafür berühmt, daß es berüchtigt ist. Es huldigt Mord und Betrug und macht Liebe sinnlos. Es ist die ultimative Bibel für die Macht einiger weniger. Die Fürstin schlägt die entgegengesetzte Richtung ein. »Fürstin« heißt ursprünglich »die Vorderste, Erste, Vornehmste«, auf italienisch *principessa*, was von »Prinzip« und »vornehm« hergeleitet ist.

Machiavelli war der Meinung, daß ein guter Mensch nicht die geringste Chance habe – er würde von den vielen zerstört werden, die nicht gut sind. Die Fürstin weiß, daß es unerheblich ist, ob Menschen gut oder schlecht sind. Sie weiß, daß sie auf jeden Fall bekommen kann, was sie will, und zwar nicht, indem sie strenge Realistin wird, wie es Machiavellis Fürst geheißen wurde, sondern auf andere Weise und mit größeren Zielen, als sie je ein Fürst sich erträumte.

Sie, die von Prinzipien und nicht von Gesetzen regiert wird, ist nicht zu beeindrucken. Frauen haben von jeher die Kraft, die eine Hingabe an die höchsten Wünsche – wie zum Beispiel Gerechtigkeit – erfordert, aber sie haben diese Kraft nie eingesetzt.

Ich habe fast einhundert Biographien und Autobiographien durchkämmt auf der Suche nach Strategien, die Frauen angewandt haben, um Macht zu erlangen. Dabei habe ich mich auf die einzigartigen und erstaunlichen Geschichten von Frauen konzentriert, die sich strategisch verhielten. Das sind nicht die Frauen, die per se Reichtum oder Berühmtheit erlangten, zu denen heute Madonna und Sharon Stone gehören. Dieses Buch handelt auch nicht von der Macht, die durch Reichtum entsteht, wenngleich diese Frauen natürlich durchaus mächtig sind. Aber die Kraft, die aus einer Strategie entsteht, ist größer als die, die von Geld oder von einer Position herrührt.

Alles in allem gibt es nur wenige wirklich große Vorbilder, von denen man lernen kann. Die meisten Frauen haben sich wie Schlafwandler den Wendepunkten ihres Lebens genähert. Ich habe die Wege der wenigen, die sich strategisch verhielten, verfolgt, habe nach Ähnlichkeiten zwischen ihnen gesucht und schließlich ihre Gewohnheiten zu Methoden formuliert.

Die Fürstin wandert nicht auf den alten, ausgetretenen Pfaden von Aggression, Verhandlung und Kompromiß. Sie zehrt von der Kraft, die eine Frau schon in sich trägt, läßt sich das aber nicht anmerken – diese Kraft ist wie ein Gedicht, das niemals zu Papier gebracht wurde, oder wie ein Porträt, das sie im Geiste festgehalten hat. In diesem Buch geht es darum, wie man dieser inneren Kraft Ausdruck verleihen kann, jedoch nicht in Form eines Gedichts oder eines Porträts, sondern im alltäglichen Leben. Die Fürstin weiß, daß die Kraft, die sie in sich verschlossen hält, ohne sie frei anzuwenden, sie verletzen und schwächen wird. Wie eine Schlange kann diese Kraft sich gegen sie wenden und sie beißen.

Wer dieses Buch liest, wird feststellen, daß *die Fürstinnen alle ein und denselben Krieg geführt haben*. Sie haben gegen den vertrauten Feind gekämpft, indem sie eine Strategie angewandt haben: Sie haben Liebe und Kampf zu einem neuen Ganzen verbunden.

Die Fürstin ist *die Liebhaberin/Kriegerin oder die hilfsbereite Feindin.* Sie läßt aus jedem schwelenden Konflikt die Flammen hochsteigen, dem Prinzip folgend, daß die Hitze des Feuers aus gewöhnlichem Stahl ein scharfes Schwert werden läßt. Solche Spannungen und wie man sie erzeugt sind das Thema der ersten Hälfte dieses Buches: »Das Buch der Strategie«. Wenn Sie die Prinzipien dieser Strategie verstehen, sind Sie auf dem besten Wege zu gewinnen. Der nächste Teil des Kriegsspiels ist: »Das Buch der Taktik«. Es beschreibt achtzehn Prinzipien, die man anwenden kann, um in schwierigen Situationen Einfluß zu gewinnen. Überragende Kämpfer lassen Strategie und Taktik hinter sich und lernen, sich selbst als Waffe zu gebrauchen. Weil sie die Durchschlagskraft einer Kugel haben, müssen sie sich nicht mit mehr bewaffnen als mit ihrer Selbsterkenntnis.

Große Strateginnen waren auch immer Poeten, manchmal des geschriebenen Wortes, manchmal des öffentlichen Auftritts. Anna Achmatova, die russische Dichterin, kämpfte gegen Stalins Unterdrückung mit Worten, nicht mit Waffen oder öffentlichen Demonstrationen. Allerdings nehmen Historiker keine Notiz von den Taten der Dichter, wenn sie die Geschichte eines Krieges beschreiben. Achmatova erhielt Geist und Sprache der Poesie am Leben. Als die Menschen kein Brot zu essen hatten, versorgte sie sie mit entrückenden Bildern. Sie war eine Zauberin, die ihre Liebesgedichte in die Ohren der Menschen flüsterte (es war verboten, sie niederzuschreiben), denn sie wußte, daß in Zeiten, in denen ein Diktator die Menschen gegeneinander aufhetzte und ihnen jeden Hauch der Menschlichkeit raubte, der Geist nur triumphieren konnte, wenn die Erinnerung an menschliche Liebe am Leben blieb. Achmatovas Strategien können einer Frau, die gegen einen diktatorischen Chef – oder einen ungerechten Ehemann, die Eltern oder ein Kind – kämpft, helfen, ihre Freiheit wiederzugewinnen.

Die Geschichte ist voller wunderbarer Überraschungen. So wurden die großen gesellschaftlichen Bewegungen in den USA – Registrierung der Wähler, Stimmrecht, Abschaffung der Sklaverei, Familienplanung, Alkoholgesetze – von Frauen angeführt. Im Zweiten Weltkrieg kamen Frauen zu Ruhm. In den 40er Jahren gelangten mehr Frauen an die Macht als je zuvor. Sie gingen in den Widerstand, wurden Spioninnen oder Aktivistinnen. Wenn die Regeln ausgesetzt werden oder in Scherben gehen, sind Frauen erfolgreich, denn dann sind sie von der Last der Reglementierung befreit und fühlen, daß sie alles leisten und jeden herausfordern können. Das ist wesentlich. *Die meisten Frauen haben heute das Gefühl, sich an die allgemeinen Regeln halten zu müssen.* Indem sie das tun, schränken sie sich selbst ein. Der Krieg bevorteilt die gefährliche Frau. Es kann sein, daß Frauen Frieden lieben und Sicherheit suchen, aber diese Bedingungen dienen ihnen nur selten. Auch in Betrieben ist eine stabile Situation für eine Frau weniger günstig als eine chaotische Umgebung. Fürstinnen erkennen, daß aus dem Chaos Möglichkeiten entstehen und daß man deshalb in Zeiten des relativen Friedens Chaos schaffen und daran arbeiten muß.

In der Renaissance wurden einige Länder von Frauen beherrscht, darunter Elisabeth I., Maria von Schottland und Katharina de Medici. Es war die Zeit der sich verschiebenden Grenzen und des Zusammenbruchs der alten Ideale. Was zerbrochen war, konnte jedoch nicht durch brutale Gewalt wieder zusammengefügt werden, und das Feinsinnige ging über den Horizont der meisten Könige. Wenn Herrscherinnen und Königinnen scheiterten, wie es Katharina tat, dann lag das daran, daß sie wie Männer kämpften und Meisterschaft über Risiko und Verhandlungen über Herausforderung stellten.

Den Fürstinnen der Geschichte ist eine grundlegende Fähigkeit gemeinsam: *Sie lebten ihr Leben, als sei das Siegen ihr angeborenes Recht.* Sie begrüßen den Krieg, den Konflikt, die Konfrontation. Diese Haltung ist das zweite Gesetz der Fürstinnen, das sie von anderen Frauen unterscheidet, und zwar wie folgt:

1. *Fürstinnen empfinden sich von jeher als von anderen unterschieden.*

Sie sind einsame Streiterinnen. Sogar in ihren Familien betrachten sie sich selbst als Fremde, und sie sehen dies als Vorteil. Es betrübt sie nicht, sondern inspiriert sie nur. Elisabeth I. sagte sich, daß sie, wenn sie heiraten sollte, Königin von England sein würde. Allein hingegen wäre sie sowohl König als auch Königin. Ob verheiratet oder nicht – Fürstinnen gehen auf Distanz. Die Psychologen preisen den Wert weiblicher »Verbindungskraft« und ihrer Beziehungen. *Die mächtigen Frauen der Geschichte aber trachteten nach der Kraft des Alleinseins*, denn daraus schöpften sie mehr als nur Selbstvertrauen. Die »Selbst-Liebe«, die der Dichter Walt Whitman in seinem Text »Ich bewohne meine Seele« beschreibt, war ihnen ein vertrautes Gefühl. Freud sagte, daß mächtige Frauen, ähnlich wie Kinder und große Wildkatzen, selbstbeherrscht und geheimnisvoll wirkten und daß hieraus die Faszination herrühre, die sie auf andere ausübten.

Ist solchen Frauen die Besonderheit in die Wiege gelegt? Oder werden sie so besonders, weil sie sich in Distanz begeben, in eine psychologische Atmosphäre, in der sie an keinen anderen Maßstäben als nur ihren eigenen gemessen werden?

Jeanne d'Arc versuchte nie, das, was sie von anderen unterschied, herunterzuspielen. Sie glaubte daran, bis es eines Tages Wirklichkeit wurde. Seit ihren frühen Erwachsenenjahren sprach sie davon, Frankreich von der englischen Herrschaft zu befreien. Die Leute fanden es seltsam, daß ein einfaches Bauernmädchen, das nicht einmal lesen oder schreiben konnte, solche Ambitionen haben sollte, aber je mehr sie davon sprach, desto mehr verhielten sich alle so, als wären ihre Ideen Wirklichkeit. Dies war, wie Sie sehen werden, nicht nur ein entscheidender Punkt – es war das Schlüsselelement ihrer Strategie und der Strategie aller Fürstinnen.

2. *Fürstinnen halten sich niemals für tapfer.*
Fürstinnen meinen, daß sie nicht mehr tun, als ohnehin getan werden kann. Vielleicht wissen sie, daß sie klug sind oder gar einzigartig, aber sie nennen sich nicht tapfer. Dian Fossey, die Primatenforscherin, sagte, daß sie auf hohen Türmen oder Bergen immer schreien mußte »wie ein Kind bei der Taufe«. Aber als sie einmal in die Dschungel Afrikas eingedrungen war, erklomm sie mit den Gorillas im Nebel, die sie begeistert studierte, schwindelnde Berghöhen. *Diese Kriegerinnen entspan-*

nen sich im Angesicht der Gefahr wie andere Frauen vor dem Fernseher. Weil sie nicht glauben, daß sie verlieren können, verhalten sie sich in einer kritischen Situation so, als hätten sie bereits gesiegt. Sie gehen mit der Ruhe des Siegers in die Schlacht. Der Dichter Rainer Maria Rilke sagte: »Folge deiner Angst.« Genau das tun heldenhafte Frauen. Ihre größte Kraft gewinnen sie, indem sie sich von allem befreien, was sie beschämte (wie Dians Höhenangst), und diese alte Angst zur Quelle ihres Stolzes machen.

3. *Fürstinnen haben das Schicksal als Mentor.*
Seit ihrer Zeit als Lehrerin in Milwaukee fühlte Golda Meir, daß sie zu Höherem berufen war. Selbst wenn sie Klassenarbeiten korrigierte oder später Gemüse aus der Erde eines der ärmsten Wüstenkibbuz in Israel scharrte, war ihre zweite Stimme, das Schicksal, ihr Mentor. Sie hörte niemals mit derselben Aufmerksamkeit auf die Stimme der Klage oder der Erschöpfung oder auf irgendwelche Ratgeber wie auf diese zweite Stimme.

Lerne deine Stimme kennen, rät man Frauen. Aber Fürstinnen haben sich schon immer viel stärker auf die zweite Stimme in uns allen konzentriert. Sie sagen, diese Stimme spreche wie von einer vorgegebenen Position aus, wie der Stand der Sterne, nach dem man sein Schiff ohne irdische Hilfsmittel steuern kann, eine vorgegebene Position ist. Als sie drei Jahre alt war, weigerte sich Juana Inés de la Cruz, Käse zu essen, denn es war ihr erzählt worden, daß man davon dumm würde. Sie hatte das Gefühl, daß sie ihre Geistesschärfe für eine Rolle bewahren müsse, die das Schicksal für sie bereithielt, wenngleich sie auch nicht wußte, was es war. Einige Jahre später war dieses Kind des 17. Jahrhunderts herangewachsen, um Sor Juana, eine der größten Lyrikerinnen, Heiligen und Bilderstürmerinnen zu werden.

Im Tagebuch der befreiten Sklavin Sojourner Truth gibt es eine Stelle, an der die Schreiberin berichtet, daß die Freiheit zu schwer für sie wurde. Sie wollte einfach nicht mehr allein für sich sorgen und ihre eigenen Entscheidungen treffen müssen. Sie entschloß sich, sich selbst zurück in die Sklaverei zu verkaufen, damit sich jemand um sie kümmerte. Auf dem Weg zurück zu ihrem früheren Herrn ließ die zweite Stimme sie innehalten. »Es schlagen zwei Herzen in meiner Brust«, sagt Sojourner. Auch Fürstinnen brauchen zwei Herzen, damit die Stimme der Selbstzerstörung nicht zu laut werden kann.

4. *Fürstinnen schwelgen in Gefühlen.*
Frauen sind dazu gebracht worden, sich klein oder dumm vorzukommen, wenn sie ihren Gefühlen Ausdruck verleihen. »Emotional« ist zum Gegensatz von »rational« geworden, und man sieht es als ein Zeichen höchster Macht an, wenn jemand seine Gefühle unter Kontrolle hat. Aber Fürstinnen lassen sich von solchen Ideen nicht in die Irre führen. Sie verhalten sich extrem, wenn es um den Ausdruck ihrer Freude, ihrer Zufriedenheit oder Zustimmung geht. *Bringt man sie zum Siedepunkt, dann reagieren sie nicht empört, sondern empörend.*

Das Verlangen ist der Schlüssel hierzu, denn es verändert die Realität. Das Verlangen macht aus Lady Macbeth die mächtigste Frau Schottlands. Jede Person in Shakespeares Stück folgt den Plänen der Lady Macbeth, nicht den eigenen. Sie zieht die Zukunft an sich, ja, sie schafft die Zukunft, indem sie als einzige Protagonistin ihrem Verlangen Ausdruck verleiht. Eine Fürstin, die ich kenne, erzählte mir folgende Geschichte: »Eines Abends in Santa Fe wollte mein zehn Jahre alter Sohn unbedingt ein Restaurant aufsuchen, in dem wir ein Jahr zuvor gegessen hatten. Keiner konnte sich so recht erinnern, wo es war, und so machten sich drei Erwachsene und ein Kind auf die Suche. Stunden später hatten wir es immer noch nicht gefunden. Wir waren völlig erledigt, aber bereit, noch weiter zu suchen, als meine Freundin meinen Sohn bei den Schultern packte und zu ihm sagte: ›*Da kannst du mal sehen, wie das Verlangen die Welt regiert.*‹ Allen anderen war es egal, wo wir essen würden, also folgten wir diesem Kind stundenlang, nur weil es als einziges Mitglied der Gruppe das Verlangen hatte.«

Fürstinnen drücken ihr Verlangen mit der Virtuosität einer Diva aus. Sie halten damit nicht hinterm Berg. Sie zweifeln es nicht an – sie fühlen sich ihren Wünschen verpflichtet, und sie benutzen deren Schöpfungskraft. Isadora Duncan gelang der erste Druchbruch zum Star, nachdem sie einen der größten Impresarios Frankreichs angerufen und sich nicht um irgendeinen Job, sondern um die Hauptrolle beworben hatte. Sie behauptete, die »geistige Schwester Walt Whitmans« zu sein, dessen wesentlichen Kern sie auf der Bühne wieder zum Leben zu erwecken versprach. Diese Behauptung war unverschämt. Ihr Verlangen ließ sie die Hauptrolle gewinnen, und das, obwohl sie in so armen Verhältnissen aufgewachsen war, daß sie niemals eine Tanzstunde hatte nehmen können, geschweige denn jemals auf der Bühne getanzt hatte. Es heißt, eine Frau sei wie ein Teebeutel, bei dem man nur, wenn er sich in heißem Wasser befindet, erkennt, wie stark er ist. In heißem Wasser siedet das Verlangen der Frauen.

5. *Fürstinnen glauben nicht daran, daß sie sich zwischen Liebe und Macht entscheiden müssen.*
Macht ist eine Form der Liebe, und Liebe ist eine Form der Macht. Die eine Form der Liebe, die am weitesten verbreitete, bringt zwei Menschen im Kokon Zwei-gegen-den-Rest-der-Welt zusammen. Aber die andere, seltenere Form der Liebe ist die politische oder gesellschaftliche Liebe. Sie schafft eine Solidarität zwischen einer Person und allem anderen in ihrem Leben. Eine Frau, die gesellschaftliche Liebe fühlt, betrachtet nichts und niemanden als gegensätzlich zu sich. Jeder Feind wird so zu einem potentiellen Verbündeten. Sie kommt ihrem Feind so nahe, wie sie sich sonst nur einem Geliebten nähern würde, und trachtet danach, ihn zu stärken, nicht zu schwächen. In einer Situation, in der jeder Sun Tzu oder jeder Stonewall Jackson rät, »zu mystifizieren, irrezuführen und sich zu verstecken«, ist ihre Waffe die Wahrheit.

Warum werden bei so viel Stärken nicht ganze Königtümer von Fürstinnen beherrscht? Die meisten Fürstinnen haben höchstens Teilsiege errungen. Sie gewinnen die Schlachten und verlieren die Kriege. Es hat mich traurig gestimmt zu sehen, was mit Frauen im Zusammenhang mit Macht geschieht – nicht nur heute, sondern auch in der Geschichte. *Unsere Teilerfolge sind von einem Mißtrauen in unsere eigene Stärke unterwandert.* Unser Status als Zweitrangige hat uns mit einer Legion von Selbstzweifeln und im Extremfall sogar von Selbstbeschimpfungen zurückgelassen.

Aber Frauen *sind* das stärkere Geschlecht. Die Dichter und Philosophen der Griechen zitterten vor Frauen. Fast jeden Kriegsgott benannten sie nach einer Frau: Nemesis (Rache), Artemis (Opfer), Athena (Schlacht), die Furien (Wut) – eine griechische Parade von Frauen, mit dem Todeskuß bewaffnet. Und doch war es nicht nur eine bloße Alptraum-Phantasie. Vom amerikanischen Bürgerkrieg bis Vietnam berichteten Soldaten, daß es einheimische Frauen, nicht Männer waren, die die Leichen der Feinde im Haß zerstörten. Es gab einen Hitler, es gab einen Napoleon, aber es gab keine männliche Medea, die ihre eigenen Kinder ihren Zielen opferte. Aber es soll hier nicht von Mord die Rede sein, wenn wir von Fürstinnen sprechen. Hier geht es um Macht, Stärke und höchstes Opfer.

Warum also so viele Niederlagen? Ein Grund dafür ist, daß kämpfende Frauen allzuoft von Rachegefühlen geleitet sind. Rache heißt, ein Unrecht wiedergutzumachen, einen Ruf zu retten, die Toten zu verteidigen. Aber man setzt seine Energie sinnvoller ein, wenn man *für* etwas kämpft, das greifbar für einen selbst ist, wie zum Beispiel die Freiheit, eine wichtige Arbeit tun zu können. Es ist nicht selbstsüchtig, für sich selbst und seine Ziele zu kämpfen. Frauen horten nichts. Das Prinzip, von dem die Fürstinnen beseelt sind, ist, daß, wenn sie mehr haben, sie auch mehr geben, endlich befreit von einer Mangelvorstellung, die sie früher dazu verleitete, ständig zu fragen: »Werde ich genug Zeit, genug Kraft, genug zu geben haben?«

Benazir Bhutto, die frühere Präsidentin Pakistans,

wurde lange an die Macht herangeführt, indem sie die Männer beobachtete, die die Führungskraft des Landes darstellten: ihren Vater, ihre Brüder, Onkel und Cousins. Sie wartete so lange, bis Attentate und das Schicksal nur noch sie übrigließen, die Präsidentschaft für ihr Land zu übernehmen. Um die Ermordung ihres Vaters zu sühnen und um »seine Wünsche zu erfüllen«, nahm sie den Posten an, wie sie sagte. Als sie sein erdbedecktes Grab, das von einigen Blumen bewachsen, aber ansonsten unkenntlich war, besuchte, hätte sie am liebsten geweint, aber sie weigerte sich, den »weibischen Tränen« nachzugeben. So verbeugte sie sich, um die Füße ihres Vater zu küssen, wenngleich sie bei dem nicht gekennzeichneten Grab nicht sicher sein konnte, wie er lag. Und dann machte sie sich auf, ihre Feinde büßen zu lassen, und in ihrer Rache *baute sie nichts auf, das es wert gewesen wäre, aufgebaut zu werden.* Sie machte alte Rechnungen auf, erteilte ihren Feinden eine Lektion, benahm sich wie der Polizist ihrer Nation – mit anderen Worten, sie folgte den Regeln von Machiavellis Fürst. Wie Sie sehen werden, ist ein Sieg, der aus solchem Verhalten resultiert, entweder nicht von Dauer (schlimmstenfalls) oder weniger gut, als Sie es verdienen würden (bestenfalls). Als Kriegerin ist Bhutto eine Schwester oder Tochter, die vom Groll bestimmt ist und deren Ziele zurückgewandt sind. Alles, was ihre Rachegelüste ihr bringen werden, ist ein kurzfristiger Rausch der Befriedigung, aber nichts, an das sie sich halten kann oder worauf sie stolz sein kann. Erinnern Sie sich an Antigone, die vom König verurteilt wurde, weil sie ihrem Bruder ein ordentliches Begräbnis ausrichtete? Antigone siegte in der Schlacht, denn Kreon bereute schließlich, verlor seinen

Sohn und auch Antigone. Wie die Dinge liegen, verhielt Antigone sich tapfer, aber nicht strategisch. *Sie unterlag, um zu gewinnen.*

Ein anderer Grund dafür, daß Frauen oft unterliegen, ist, daß Fürstinnen der Strategie von Liebe und Krieg in ihrem Berufsleben folgen, sie aber in ihren persönlichen Angelegenheiten nicht anwenden. Die Zeitschrift *Time* nannte Rebecca West im Jahre 1947 die »Nummer eins unter den schreibenden Frauen der Welt«. Bei ihrer Arbeit kämpfte sie wie eine Fürstin. Die Liebe zur Sprache, zur Form, zu ihrer Leserschaft und zu ihren Fähigkeiten bestimmte ihre Strategie und ihre Aktivitäten. Aber in ihrem Privatleben überwogen Rachsucht und Überaktivität. Sie reagierte immer nur, verlieh ihrer Wut Ausdruck und schränkte ihr Schlachtfeld ein. Ihre Geliebten, ihr Sohn, sie alle wendeten sich von ihr ab. Als sie starb, waren nur noch einige Freunde und Bekannte aus ihrem Berufsleben in ihrer Nähe.

Mit Wut und Kränkungen gewinnt man keinen Krieg. Nelson Mandela stellte fest, daß die schwarzen und die weißen Südafrikaner, die in ständiger Furcht voreinander gelebt hatten, so daran gewöhnt waren, wenig zu haben, daß sie nicht länger meinten, überhaupt irgend etwas zu verdienen. Er sprach ihre Ängste bei seinem Amtsantritt 1994 an, indem er an die Stärke und die Kraft appellierte, die, wie er wohl wußte, unter der Angst verborgen waren:

»Unsere größte Angst ist nicht, daß wir nichts taugen. Unsere größte Angst ist, daß wir maßlos stark sind. Es ist unser Licht, nicht unsere Dunkelheit, vor der wir uns am meisten fürchten.

Wir fragen uns: ›Wer bin ich, daß ich brillant, großartig, talentiert und märchenhaft sein soll?‹ Ja, aber wer sind Sie, daß Sie es nicht sein sollten? ... Es nutzt der Welt nichts, daß Sie sich herunterspielen. Es ist nichts Großartiges daran, sich so klein zu machen, daß andere Menschen sich in Ihrer Nähe unsicher fühlen.

Und indem wir unser eigenes Licht leuchten lassen, geben wir unbewußt anderen Menschen die Erlaubnis, dasselbe zu tun.«

In Mandelas Worten finden wir das dritte Gesetz der Fürstin:

Wenn wir von unseren Ängsten befreit werden, befreit unsere Gegenwart automatisch auch andere.

Sie werden hier lernen, warum Frauen Konflikte scheuen oder an etwas leiden, was ich die »Magersucht der Macht« nenne. Sie werden lernen, die lähmende Spannung in gewissen Situationen auf eine völlig neue Weise zu meistern. Sie werden lernen, strategisch zu kämpfen. Sie werden lernen, andere zu übertreffen und Kriege nach Ihren eigenen Regeln zu gewinnen.

Mahatma Gandhi erschütterte durch seine Strategie Hunderte von Jahren britischer Herrschaft in Indien. Er bat seine Freunde, ihn »Mutter« zu nennen, um daran zu erinnern, daß er es liebte, wie eine Frau zu kämpfen. »Tapfere Feigheit«, »Satyagraha«, nannte er diesen Stil des Kampfes, den er von dem »männlichen« Kampf unterschied, der einige Menschen zerstörte und andere in lebenslange Feinde verwandelte. Martin Luther King wendete diesen Kampfstil an, um die Beziehungen zwischen den Rassen in den USA zu verändern. Sogar der Boxer Sonny Liston liebte es, »wie der Staub in einem

Sonnenstrahl« im Ring zu tanzen, wie James Baldwin es nannte. Wann immer ein Gegner nach ihm schlug, traf er Liston doch nicht. Seine Strategie, eine reine Fürstinnen-Strategie, war es, *seinen* Kampf zu kämpfen und die anderen in die Luft boxen zu lassen.

Auf dem Weg dorthin werden Sie Ihr Bewußtsein für etwas Neues schärfen: Handeln. Ihr Aussehen, Ihre Sprache und Ihre Inspiration werden danach bewertet werden, wie strategisch oder aktionsorientiert Sie sich verhalten. Die meisten Frauen reagieren. Sie arbeiten dafür, »die Erwartungen höher zu stecken« und dabei Männer zu übertrumpfen. Wenn Männer zehn Stunden arbeiten, sind sie zwölf Stunden im Büro. Aber Reaktion ist kein effektives Handeln. Es ist also kein Wunder, daß wir immer noch nicht die Top-Jobs oder die Liebe haben, die wir wollen. Der Erzähler Tom Robbins sagt zynisch: »Frauen leben statistisch länger als Männer, weil sie eigentlich gar nicht gelebt haben.«

Mit Hilfe der in diesem Buch beschriebenen Gesetze und Strategien können Sie die Ereignisse in Ihrem Leben nach Ihren Wünschen formen. Solche Bücher sind schon über Sex und Beziehungen geschrieben worden – vom »Kama Sutra« bis zu Helen Gurley Brown. Aber es gibt noch keines über Macht.

In nicht allzu ferner Zukunft werden sich Männer wie Frauen fragen, warum sie sich wie Machiavelli streiten sollen, wenn sie doch wie Machiavella kämpfen können.

Es ist an der Zeit, daß Sie Ihr Leben beherrschen, so wie Fürsten über ihre Herrschaftsgebiete regierten.

Ihre Autorin, unter ihrem *nom de guerre*:
Machiavella

Das Buch der Strategie

Die Fürstin beherrscht die Kunst, das Entsetzen darüber, eine Frau zu sein, mit dem Wunder, eine Frau zu sein, in der Waage zu halten.

I
Eine Fürstin entdeckt ihre wahre Stärke, wenn sie ihren Feind kennt

Frauen sind immer Spioninnen gewesen. Wir haben unsere Väter, Brüder, Ehemänner und Chefs ausspioniert. Wir haben die Macht gesehen und ihre Perversion. Auch wir streben nach Macht, jedoch nicht allein um ihrer selbst willen. Wir verfolgen die Mission, unsere Wünsche und Ziele verwirklicht zu sehen. Diese Mission bewirkt, daß andere uns kritisieren, denn wir werden ihre Bedürfnisse nicht befriedigen. Vielleicht haben wir es uns verdient, aufzusteigen, die Gelegenheit zu einer wichtigen Arbeit zu bekommen, in einem schönen Zuhause und einer schönen Welt zu leben, anstatt an einem Ort, wo man uns ignoriert oder – schlimmer noch – schlecht behandelt. Sie müssen die Spionin in Ihrem Innern erwecken, um die Fürstin werden zu können, die Sie sein sollen.

Der Spion ist der Inbegriff des außenstehenden heimlichen Lauschers. Die Spionin erlauscht die Strategien von Fürsten, Königen, Generälen, Herrschern, Ehemännern und Söhnen. Die Aufgabe dabei ist es, Information aufzusaugen, zu sammeln und sie dann zu gebrauchen. Frauen schrecken oft davor zurück, die Informationen, die sie als Spioninnen gewinnen, auch im Reich von Macht und Liebe anzuwenden.

Die erste strategische Stärke, die Sie erlangen müssen, ist die Macht, Ihren Feind zu sehen, zu hören und zu kennen. Die zweite Stärke liegt darin, das, was Sie wissen, auch anzuwenden.

Eine Spionin vermag in die Herzen der Menschen zu schauen und bekommt eine Vorstellung davon, was sie zum Schlagen bringt. Ihr Verhalten veranlaßt andere dazu, auf sie zu reagieren, und zwar so, daß es ihren Plänen entgegenkommt. So kann eine Spionin zum Beispiel aus einem Gerücht ein Bekenntnis entstehen lassen. Eine Spionin kann das Geschick von Nationen und Menschen wenden, aber nicht durch Blutvergießen oder Verletzungen, sondern indem sie die ihr innewohnende, kaum nach außen demonstrierte Macht anwendet. Sie ist vorsichtig, gerissen und handlungsstark.

Eine Spionin verleugnet sich nicht, aber ihre verborgenen Pläne können den Feind verwandeln. Spione verändern das Spiel lieber, als daß sie sich an die Regeln halten. Ein Gegner, ein Zögerer oder ein Neinsager merkt vielleicht noch nicht einmal, daß er erobert und zum Werkzeug ihrer Pläne gemacht worden ist.

Als Spioninnen haben Frauen mehr Wissen, als ihnen bewußt ist. Wie können sie nun einen Weg finden, dieses Wissen zu benutzen? Wie kann eine Spionin ihre Kenntnisse in Macht verwandeln? Zunächst einmal läßt sie daraus einen Konflikt erwachsen und zwingt so den Feind, nach ihren Bedingungen zu handeln. Sie bestimmt das Spiel.

Ein Spion im Krieg beobachtet, und er benutzt, was er sieht. Wir wissen, wie aus einer Knospe oder in einer Gebärmutter neues Leben entsteht, aber wir haben uns nicht die Mühe gemacht, mit derselben mikroskopischen Genauigkeit zu beobachten, wie eine Beziehung, die aus einer scheinbar freundlichen, großzügigen Begegnung entstanden ist, plötzlich rauh oder gar destruktiv werden kann. Halten Sie sich das folgende Beispiel vor Augen, das ich in Zeitlupe wiedergebe, um auf seine unterschwelligen Aussagen aufmerksam zu machen:

Ein Kunde, den eine Spionin für ihr Haus gewinnen wollte, betrügt sie und lädt sie daraufhin zu einem üppigen Essen ein, um sich zu entschuldigen. Er ist ein sehr fähiger Mann, dessen Partnerschaft sie begehrte und um die sie sich sehr bemühte. Er hat jedoch ihren Konkurrenten vorgezogen, der sich zunächst im Hintergrund hielt, um dann im entscheidenden Moment ihr Angebot für das Projekt zu überbieten. Wie soll sie sich angesichts des harten Schlages gegen ihr Selbstwertgefühl nun verhalten?

Sie könnte diesen Judas aus ihrem Leben verbannen und so versuchen, seinen Betrug zu sühnen. Aber wir hatten ja schon gesagt, daß Rache nicht sehr effektiv ist. Das gleiche gilt für alle Wie-du-mir-so-ich-dir-Reaktionen, wenngleich schwache Kämpfende diese Methode lieben und auf sie vertrauen, da sie sofortige Genugtuung verspricht. Eine kriegerische Fürstin denkt anders. Sie weiß, daß dieser Mann vieles hat, was sie will – zum Beispiel gute Kontakte und Insider-Informationen ebenso wie eine angenehm aufregende Gegenwart –, und daß es an ihr ist, diese Dinge zu bekommen oder ziehen zu lassen. Warum also sollte sie ihn aus ihrem Leben verbannen, nur um einen Punkt zu machen, von dem doch nur sie wüßte, nicht er?

»Es tut mir leid«, sagt er zu ihr, als sie am Tisch sitzen. Er bestellt ein Getränk ohne Alkohol, einen Shirley

Temple. Er hat einmal erwähnt, daß er früher Alkoholiker war. Inzwischen ist er trocken – ein Mann mit echten Leidenschaften, die er im Griff hat. Trinken ist nur eine davon. *Eine Sache verrät alles. Jede Handlung enthält die vollständige Strategie des Feindes.* Eine Fürstin beobachtet ihren Gegner. Oft verrät er sich in seinen kleinsten, besonders unschuldigen Gesten. Und ein Feind, ein Gegner verrät sich immer, ungeachtet wer er ist oder wie klug er sich zu verbergen sucht.

Wie reagiert die Spionin, wenn sie etwas entdeckt? Sie erkennt die Sache als das, was sie ist: seine Waffe zur Selbstverteidigung gegen sie. Dann nimmt sie ihm seine eigene Waffe ab und richtet sie gegen ihn. Es gibt keine effektiveren Mittel gegen einen Feind, als die, die er selbst verwendet. »Benutzt die Werkzeuge des Meisters, um das Haus des Meisters zu zerstören«, werden die kleinen Tiere in Aesops Fabeln immer in ihrem Krieg gegen große Räuber angehalten. Die Spionin, die diese Waffe entdeckt, ist auf dem Weg zum Sieg.

Also beobachtet sie. Möglicherweise enthält dieser Drink die Wahrheit über diesen Mann. Die Fürstin weiß, daß die meisten Menschen sich gerade gegen die Dinge wehren, nach denen es sie am meisten verlangt. Indem sie überlegt, welches die geheimen Wünsche des Gegners sind, findet sie heraus, wie sie das Blatt des Kampfes dahin wenden kann, daß beide bekommen, was sie wollen. So wie dieser Mann kein stärkeres Getränk anrührt, versagt er sich auch starke Freunde, Partner oder Mitarbeiter. Vielleicht hat er ja mit ihrem Angebot und ihrer Bereitwilligkeit, ihm bei seiner Arbeit zu helfen, gerade deswegen geliebäugelt, um dann später nein sagen zu können, weil sie alles verkörpert, was er sich so sehnlichst wünscht. Wenn das so ist, dann hat er sich selbst betrogen und nicht sie.

Eine Spionin kennt die folgende Grundregel: Menschen fügen anderen genau das zu, was sie sich selbst antun. So wie dieser Mann sich selbst die Erfüllung seiner Wünsche verwehrt, wird er auch ihre Forderungen ablehnen. Eine Spionin weiß, daß ein Mensch bei allem, worüber er spricht – sei es ein Fußballspiel oder Salat –, eigentlich von sich selbst redet, von Hoffnungen oder Ängsten, die er nicht offen aussprechen kann, und von seinen geheimsten Plänen. Sie benutzt alle diese Informationen, um ein Kurzprofil des Mannes zu erstellen, der ihr gegenübersitzt, und zwar so, wie er wirklich ist, und nicht, wie er gern erscheinen möchte. Um das unterscheiden zu können, muß sie nicht einmal seine Biographie kennen, es genügen ein paar Hinweise. Dieser Mann möchte viel weniger aus ihr herausbekommen, als sie es in dieser Situation vermutet hätte. Er weiß allerdings nicht, was sie von ihm will, und er hat im Gegensatz zu ihr nicht erfaßt, daß sie beide sich in einem anderen gemeinsamen Kampf zusammentun könnten, um einen größeren Sieg zu erringen, als es bei dieser Begegnung möglich ist. *Die Spionin weiß, daß jeder Gegner ein zukünftiger Verbündeter in einem größeren Krieg ist, von dem wir jetzt noch nichts wissen.* Diese besondere Sichtweise gibt ihr die Oberhand.

Sie verzieht also nicht das Gesicht, wenn er mit seiner Großartigkeit angibt und prahlt, wie seine Kunden über seinen Intellekt erstaunt seien. Sie täuscht auch keine Begeisterung vor. Weder bekräftigt noch leugnet sie die Behauptungen seines Ego. Statt dessen wird sie seine Prahlerei neutralisieren. *Ihre erste Regel im Geschäft lau-*

tet: Sie muß das Schlachtfeld wechseln. Also muß sie ihm klarmachen, daß es hier nicht darum geht festzustellen, wer von ihnen stärker ist oder wer wen gekränkt hat. Sie wird ihn auf ihre eigene Weise angreifen. *Mache zuerst den Versuch des Gegners, die Kontrolle zu übernehmen, unwirksam. Dann ergreife die Macht.*

Er versucht, auf seine Weise zu siegen, indem er sie zur Aufgabe zwingt. Als er sich genug gelobt hat, wendet er einen Trick an, um ihre Verbindung zu dem Projekt herunterzuspielen. Tatsächlich kam die Idee dazu allerdings von ihr. Indem er zur Kränkung noch eine Beleidigung hinzufügt, erklärt er ihr, seine Entscheidung hätte nichts mit Geld zu tun gehabt, obgleich das Angebot des Mitbewerbers fast doppelt so hoch lag wie ihr eigenes. »Der Preis der Liebe betrug 50.000 Dollar«, verkündet er, womit er sagen will, daß er ihren Vertrag unterzeichnet hätte, wenn der Unterschied zwischen den beiden Angeboten nur soviel betragen hätte. Seine Gefühle für sie gingen so weit. Sie weiß, daß seine Arbeit mit ihren Ideen sowohl einen größeren Profit als auch mehr Beifall erzielen würde. Aber er besteht darauf, daß seine Entscheidung fair und obendrein in ihrem Interesse gewesen sei.

Gegner versuchen oft, Sie davon zu überzeugen, daß sie fair, ehrlich und zu Ihrem eigenen Besten handeln: Der Chef, der Sie aufgrund irgendeines Verhaltens von seiten des Kunden aus einem Projekt zurückbeordert, gönnt Ihnen vielleicht in Wirklichkeit nur den Ruhm für das Geschäft nicht. Oder ein Liebhaber wird Ihnen eine Forderung nicht erfüllen, um Ihnen beizubringen, erst einmal all die Dinge zu schätzen, die er bereits für Sie getan hat (als würde jemand Buch führen und Ihre Einzahlungsspalte zählte nicht). Oder ein Kunde, Makler oder Arzt wird Ihnen einen großzügigen Vortrag über sein Wissen halten, Ihnen dann aber keineswegs großzügig zuhören.

Intime Feinde klingen oft großzügig. In Wirklichkeit versuchen sie, eine Fürstin an den Rand zu drängen, indem sie ihr einreden, daß sie selbst das Problem sei und ihre Wünsche ein Fehler. »Ich habe Sie aus diesem schwierigen Geschäft gerettet«, wird Ihr Chef sagen und auch noch Ihren Dank erwarten, obwohl Sie genau wissen, daß Ihr schwieriges Geschäft Aufwind für Ihre Karriere gewesen wäre. »Ich habe an deinen Geburtstag gedacht«, wird Ihr Ehemann vielleicht sagen, um sich dafür zu entschuldigen, daß er Ihren Hochzeitstag vergessen hat. Aber die Frage bei diesem Mann am Tisch ist: Wenn das Geld für ihn keine Rolle spielt, warum sucht er dann nicht nach einem Ersatz und macht ihr ein Angebot über ein neues Geschäft? Er ist nicht gefühlvoll, und er ist nicht großzügig, und dies ist kein gemütliches Abendessen. Das hier ist Krieg.

Erkennen Sie sich selbst, dann kennen Sie auch den Gegner. Die Aufgabe der Fürstin ist es, das Geheimnis zu entschlüsseln, wer der Gegner ist und wie seine geheime Strategie lautet. Von allen Waffen, die sie anwenden kann, um seine Strategie zu erkennen, ist die durchschlagendste die der »fünf Warum«. Fragen Sie, warum, wenn ein Gegner X sagt. Welche Antwort er auch immer gibt – fragen Sie wieder, warum. Fragen Sie (sich selbst oder ihn), warum er diese und keine andere Antwort gibt, fragen Sie dann wieder, warum er so antwortet, und so fort. Beim fünften Warum haben Sie genug Informationen beisammen, um Ihre eigene Strategie entwerfen zu können. Wenn man das Verhalten eines anderen auf seine Ursachen zurückführt, dringt man ins Herz seiner Strategie vor. Die fünf Warum lassen Sie *einen Blick hinter das werfen, was er Ihnen zeigen will.* Durchschauen Sie seine Strategie, dann sind Sie nicht gezwungen, auf seine Handlungen zu reagieren, sondern werden sich so verhalten, daß er Ihnen antworten muß. Das wird die Schlacht zu Ihren Gunsten entscheiden.

Die Spionin fragt zunächst: »Warum haben Sie den Auftrag jemand anderem gegeben?« Bitte beachten Sie, daß sie nicht fragt: »Warum haben Sie mich betrogen?« Eine Spionin vermeidet Anklagen, die sie nur in einen Teufelskreis der Selbstzweifel und der Verwirrung stürzen würden. Ihr erstes Warum ist ganz sachlich: So ist die Lage – warum kam es dazu? Die passende Antwort dieses Mannes lautet: Um ein besseres Geschäft zu machen.

Das zweite Warum: Warum schien es ihm ein »besseres Geschäft« zu sein? Antwort: Weil ihr Mitbewerber ihm weisgemacht hat, daß er schon genug getan habe. Die Form der Darstellung war nicht so wichtig, und das schob den Mitbewerber nach vorn. Das dritte Warum: Warum war die Darstellung nicht so wichtig, wo ihm doch seine Großartigkeit so viel wert ist? Antwort: Er wollte seine Stärke bestätigt sehen, sie nicht testen. Indem sie meinte, daß es ihm um die Ausführung ginge, hatte sie die Quelle seines Stolzes falsch interpretiert. Die Strategie, die ihm in den meisten Fällen zum Sieg verhilft, ist, verschiedene Versionen von »ja« zu sagen, die doch eigentlich »nein« meinen. Kein Besäufnis, keine starken Frauen, kein Beweiszwang. Bis hierhin hatte die Spionin also die falsche Strategie verfolgt, indem sie ihn zu mehr und besserer Arbeit anregte. Er hingegen siegt, indem er sich zurückzieht. Offenbar war sie zuvor nicht strategisch genug vorgegangen.

Also geht das vierte Warum sie selbst an. Warum hatte sie versucht, ihn mit der üblichen Methode, nächtelang durchzuarbeiten, zu beeindrucken? Weil sie ihrer Fähigkeit zu siegen nicht traut und sich deshalb übermäßig in eine Arbeit hineinstürzt, sie zu guten Ergebnissen treibt und dann alles tut, um sie zu einem herausragenden Schluß zu bringen. *Ist das der einzige Grund? Das muß sich die Spionin immer wieder fragen.*

Fünftens: Warum stürzt sie sich übermäßig in die Arbeit? Weil sie glaubt, daß das wirkliche Stärke zeige. Sie hat bei Männern gesehen, daß Macht heißt, Kontrolle auszuüben, und daher meint sie, daß sie um so mehr Kontrolle haben wird, je mehr sie sich in ein Projekt vertieft. Aber das ist nur ein Rest ihrer alten Verhaltensweisen, inzwischen weiß sie mehr über die Geheimnisse der Macht. Sie hat einen strategischen Fehler begangen, indem sie auf Kontrolle gesetzt hat, und nun muß sie ihn büßen.

Die nächste Szene könnte aus einem schlechten Film stammen, denn *wenn Menschen nicht an das glauben, was sie sagen oder tun, dann wirken ihre Handlungen sehr theatralisch.* »Ich habe das Gefühl, daß Sie sehr reizbar sind«, sagt er zu ihr, »als seien Sie von Männern verletzt worden und deshalb so ablehnend.« Er reißt sein Stück Brot auseinander. Diese Beobachtung des Mannes soll an das weibliche Gefühl der Schwäche, an ihre Sehnsucht, versorgt zu werden, appellieren, aber sein Monolog über dem Brotstück hat überhaupt kein Bild von ihr entworfen, sondern vielmehr von der Person, von der er ihr einreden möchte, daß sie die sei. Er sagt: »Und um die Sache noch schlimmer zu machen, fühlen wir uns auch noch zueinander hingezogen.«

Mit diesem Anspruch, sie zu verstehen, versucht er zu erreichen, daß sie an ihrem eigenen Wissen über sich selbst zweifelt und sich mit seinen Augen sieht. Das ist sein *coup de grâce*. Die meisten Frauen hören die Musik in diesen Worten, den fürsorglichen Ton, aber sie blenden ihre wahre Bedeutung aus – durch die fünf Warum wird sie schonungslos bloßgelegt.

Ob durch Unterdrückung oder Zurückweisung – Frauen sind von jeher klein gehalten und zur Beute in den Kriegsspielen der Männer gemacht worden. Und oft genug arbeiten sie an ihrer eigenen Zerstörung mit.

Ehrliche Sehnsucht ist Glück, aber darum geht es in dieser Szene nicht. Dieser Mann behauptet, sich zu ihr hingezogen zu fühlen, aber stimmt das wirklich? Oder muß er nicht so sehr einen Treffer erzielen, sondern einen Punkt gewinnen? Sie will nicht auf sein dreistes Bekenntnis reagieren, wenn doch die wahre Strategie woanders hinzielt. Selbst wenn er sie begehrt oder die Arbeit, die sie ihm hätte helfen können zu leisten, würde er sich selbst doch niemals den Rausch des Triumphs gönnen, ebensowenig wie er etwas anderes als einen Shirley Temple trinken würde. Es geht hier also nicht um sein Verlangen nach ihr.

Die Spionin hat dies alles erfaßt. Jetzt wird sie zur Fürstin und zieht ihn in ihr Reich.

Da sie weiß, daß *die Wahrheit eine durchschlagende Waffe ist, weil die Menschen zu schwach sind, um ihr zu widerstehen,* erklärt sie ihm, daß sie durchschaut, was sich hier abspielt. Sie sagt: »Ich bin nicht gereizt, das bin ich ganz und gar nicht – im Gegenteil. Sie schotten sich gegen eine Menge starker Einflüsse ab. Sie flirten, aber Sie trinken nicht. Sie wollen nicht, daß ich so bin, wie Sie es gerade behauptet haben. Aber ich arbeite sehr gern mit Ihnen, und ich bin sicher, daß ich Ihnen etwas geben kann, was Sie brauchen.« Gut, denkt sie, er ist aufmerksam – sie hat seinen Glauben erschüttert, daß er sie unterdrücken könnte oder sollte oder daß seine Kraft größer ist als ihre.

»Wenn Sie sich entschlossen hätten, mit mir zusammenzuarbeiten, dann hätte ich etwas Großes aus Ihnen gemacht«, fährt sie fort. »Ich hätte Dinge aus Ihnen herausgelockt, von denen Sie nicht einmal wußten, daß Sie sie besitzen. Das bin ich.« Mit etwas Glück wird er jetzt das Gefühl haben, seinerseits der Betrogene zu sein, und zwar durch seine eigene Entscheidung. Sie hat seine Waffe – seinen Betrug an ihr – gegen ihn gerichtet. Jetzt stellt er seine Interpretation der Wirklichkeit in Zweifel.

Sie spricht weiter: »Sie glauben, daß Sie mich verletzt haben, aber Sie haben mich nicht einmal betrogen. Es gibt immer noch eine Menge guter Arbeit, die wir zusammen tun können, jetzt wo wir von der Last des einen Projektes befreit sind. Wir mögen und respektieren einander, also lassen Sie uns einmal überlegen, was wir dem Rest der Welt noch bieten können.« *Wenn eine Fürstin den Klang ihrer Stimme und die Art ihrer Gestik von herausfordernd und angreifend zu sanft verändert, tut sie es abrupt.* Sie weiß, daß es entscheidend ist, den Ton eines Treffens zu bestimmen.

Beachten Sie, daß die Fürstin nicht die falsche Schlacht schlägt, nämlich sein angebliches Ziel, sie ins Bett zu bekommen. Statt dessen *erkennt sie sein Streben nach Stärke und macht es unwirksam.* Sie entkräftet sogar seine Entschuldigung, die den folgenden Unterton hat: *Ich habe dich verletzt – so stark bin ich.* Die deutliche Botschaft ihrer Antwort ist: *Du kannst mich nicht verletzen; ich breche nicht zusammen; ich bin stärker, als du es dir überhaupt vorstellen kannst. Und du bist stärker, als du denkst. Du mußt dich nicht von anderen unterdrücken lassen, und du brauchst auch mich nicht zu unterdrücken, um irgend etwas zu beweisen.*

Indem sie ihm zeigt, daß sie die Machtfäden erkennt, die sich über den Tisch spannen, ist sie auf dem besten Wege, einen Verbündeten und einen Krieg zu gewinnen.

Wie bekommt sie nun, was sie ursprünglich wollte? Sie verschiebt dies auf einen anderen Zeitpunkt – eine Spionin hat keine Eile. Sie vertraut darauf, daß die Zukunft für sie arbeitet und daß sie ihrem Ziel näher kommen wird. Auf diese Weise ist sie frei vom Zwang, reagieren zu müssen. Denn wer auf den Angriff eines anderen reagiert, wird in den Krieg des Gegners verwickelt, und das bedeutet, daß man nicht aus einer starken Position heraus kämpft. Einen großen Sieg zu erringen würde den Mann einschüchtern, und es ist offensichtlich, daß er schon vor allem möglichen Angst hat, insbesondere vor guten Dingen. Sie muß jetzt nicht einen absoluten Sieg davontragen. Jeder Vorteil wie dieser untermauert ihre Stärke und steigert ihre Fähigkeiten für das nächste Mal.

In den folgenden Kapiteln wird dieser Prozeß Schritt für Schritt beschrieben, so daß Sie verfolgen können, wie die Fürstin an den Punkt kommt, wo sie so viel von anderen erwarten und bekommen kann. Im Moment ist es wichtig zu sehen, daß sie sich nicht der Wut oder der

Sympathie hingegeben hat, sondern eine geteilte Macht für beide errungen hat. Indem sie seine Macht auf ein bestimmtes Maß beschränkt hat, hat sie es ihm unmöglich gemacht, seine vertrauten Waffen gegen ihre Interessen zu richten. Er ist nun ohne Verteidigung und wartet auf ihren nächsten Schritt. Sie hat ihm das Spiel aus der Hand genommen.

Das klügste daran ist, daß sie viel mehr benutzt hat, als nur ihre eigene scharfe Intelligenz und ihre Stärke. Sie hat auch seine Intelligenz und seine Stärke benutzt, und beide sind nun dabei, *ihren* Krieg zu führen.

II
Was es heißt, weiblich zu sein, und die Kunst der Mikropower

Eine Fürstin muß handeln – und zwar *strategisch*. Wenn sie sich weigert, das zu tun, ist sie buchstäblich ein »Idiot« – nach dem griechischen Wort für die »nur auf sich selbst bezogene Person« –, jemand, der nicht einsehen will, daß das Leben Krieg ist und wir dazu bestimmt sind zu kämpfen. Weibliche Idiotie ist der Gegenpart zu männlichem Wahnsinn, und beides ist gleich gefährlich für die Gesellschaft. »Männer sehen die Welt, als wäre sie in Mondlicht getaucht, das die Konturen eines jeden Gegenstandes zeigt, nicht aber die Details«, schrieb die Erzählerin und Kritikerin Rebecca West. Frauen sehen die Details, und das ist bezeichnend für ihre Natur, aber sie lassen sich von ihnen verschlingen und handeln nicht. Eine Fürstin muß sehen und handeln.

Macht bedeutete früher die Kontrolle über viele Menschen, riesige Betriebe, Reiche, Nationen, Firmen. Je weiter die Kontrolle reicht, desto größer ist die Macht. Heute ist die einzige Macht, die sich zu besitzen lohnt, die Mikropower, die Macht, in kleinen, engen, gefährlichen Zwischenräumen zu agieren. Strategie ist die Kunst, aufgrund der leisesten Wahrnehmung mit nicht mehr als einer Geste zu handeln. Armeen sind hier nur hinderlich und mit ihren verplanten Schlachten ein Ärgernis. Einer Fürstin ist klar, daß ihr Leben davon abhängt, wie ihre eigenen Entscheidungen die anderer beeinflussen. Strategie ist ihr Heilmittel gegen Idiotie.

Wenn Sie die Kunst dieses Krieges beherrschen, werden Sie als Frau die Nachteile Ihres Geschlechtes gegen seine Vorteile aufwiegen können. Der Nachteil liegt darin, ständig als Bedrohung angesehen und deshalb unterdrückt zu werden. Der Vorteil ist, daß eine Kämpfende um so mehr gewinnt, je weiblicher sie wird. Frauen lieben die Gefahr, die kleine ausweichende Handlungen verlangt, die von so durchschlagender Wirkung sind. Die Spionin hat besondere Freude daran, einen eigentlich unmöglichen Sieg davonzutragen. Gertrude Bell, die die Beraterin von arabischen Königen war, spielte mit den Gesetzen, indem sie Waffen und Landkarten in die Wüste schmuggelte. Ihr Gewehr pflegte sie in einen weißen Spitzenunterrock einzuwickeln, den sie »aggressiv weiblich« nannte. Einmal sah der Chef der Zollkontrolle einige Landkarten, die eine Ecke ihres Gewehrkastens bedeckten. Sie sah, daß er die Waffe gesehen hatte, und tat das Unglaubliche: Sie band ihn, ihren Feind, als Mitverschwörer ein, indem sie mit ihm über das unverfänglichste, unschuldigste Thema sprach – das Wetter. Der Gegensatz von Waffen in Unterwäsche und Geplauder im Angesicht wirklicher Gefahr (die arabischen Wachen erschossen Männer aus weitaus unbedeutenderen Gründen) – solche »kleinen« Taktiken entwaffnen nicht selten die Wächter, die den Schlüssel zur Freiheit oder zu dem Lohn, den Sie erlangen wollen, verwahren. Wissen sie aber, daß Sie nicht ausgeschlossen, unterdrückt oder an die Seite gedrängt werden können, dann verzichten sie oft schon auf den Versuch.

Es ist die Kunst der Fürstin zu zeigen, was »weiblich« in diesem fremden und scheinbar widersprüchlichen Zusammenhang des Kämpfens bedeutet.

III
Wie man großartig zerstörerisch wirkt

Für die Fürstin haben die normalen Regeln keine Geltung. Gehorsam gegenüber dem Gesetz wird zu einer gefährlichen Sucht. Wer Befehle mißachtet, ist auf dem Weg zum Erfolg.

Jedes Wort in diesem Buch wird Sie an diese Strategie erinnern.

Die großen Generäle hatten es in Sachen Beziehungen einfacher, denn sie vermochten einen Feind einfach von der Erde zu fegen. Sie können das nicht. In persönlichen Kriegen ist der Mensch, der einen ungerechten Vorteil über Sie erlangt, vielleicht Ihre Mutter, Ihr Chef, Ihr Ehemann oder Liebhaber, Ihr Kind oder der Geist Ihrer nie erfüllten Sehnsüchte. Wer immer Zugriff auf Ihre Gefühle hat, treibt Sie in die Enge. Sie müssen diese Menschen bekämpfen und gleichzeitig lieben. Wer die Regeln befolgt, befolgt *die Regeln dieser Menschen* – und das ist das Schlimmste, was Sie tun können. Regeln dienen den Vorstellungen desjenigen, der die Oberhand gewinnen will, aber sie erbringen nur vorhersagbare Siege. Ihr Gewinn ist größer, wenn Sie eine Veränderung der Regeln bewirken, indem Sie sie mißachten.

Aus diesem Grunde wird Ihnen die kriegerische Fürstin, die hier beschrieben wird, wahrscheinlich erst einmal sehr fremd vorkommen, da sie so extrem wirkt und nicht in übliche Kategorien paßt. In der Geschichte tauchen die meisten von ihnen nicht als Spioninnen oder

Kämpferinnen auf, sondern als Anthropologinnen, Heilige, Sängerinnen, Dichterinnen. Tatsächlich ist es die eigentliche Arbeit von Dichtern, Tänzern und Schauspielern zu spionieren – wenngleich sie alle vor einem Publikum arbeiten. Eine Dichterin wie Anna Achmatova schreibt von der Liebe und sucht gleichzeitig insgeheim mit ihren Worten die Perspektive eines Menschen zu verändern und ihn so zu befreien. Die Dichtung wird so wie der Code des Spions die Geheimnisse anderer offenbaren und die Menschen zu einem mutigen Verhalten beeinflussen oder den Griff eines unerwünschten Widerstands lockern.

Jeanne d'Arc war einerseits eine großartige militärische Strategin, andererseits ein einfaches Bauernmädchen, von dem niemand viel erwartete. Es scheint widersprüchlich, daß sie beides war, aber in eben dieser januskopfigen Natur lag ihre Stärke. War Achmatova eine Dichterin oder eine Kriegerin, die mit ihren Worten dem Terror Stalins die Stirn bot? Sie war beides. Und Billie Holiday, war sie eine großartige Sängerin oder eine Kämpfende, die jedem, der zuhörte, von den Leiden der Schwarzen und von ihren eigenen Sehnsüchten erzählte? Sie war beides. Eine Spionin paßt nicht in überkommene Kategorien, sie schafft neue.

Wenn sie gefordert werden, handeln Frauen wie Agenten. Während der Französischen Revolution lernten die »blutigen Schwestern« ein politisches System zu manipulieren, das sie ausschloß. Sie schrieben unter dem Namen ihrer Ehemänner, sie verkleideten sich als Bettler, um geheime Nachrichten zu überbringen, und sie verkleideten sich als Männer, um für ihre Sache Waffen zu tragen.

Das Großartige an diesen Frauen war, daß sie einerseits Spione, andererseits Deserteure waren, die die allgemeinen Befehle mißachteten. Jede Frau ist in den Untergrund gegangen – so wie Persephone, die ein halbes Jahr lang im Dunkel der Unterwelt lebt als Strafe dafür, daß sie einen Gott verhöhnte, und den Rest des Jahres in Tageslicht und wunderbarem Frühling verbringt. Wenn sie aus dem Dunkel zurückkehrt, bringt sie die Erinnerung daran mit, so daß »in all ihrer hellen Schönheit etwas Fremdes und Schreckliches um sie ist«, denn sie hat in der Dunkelheit etwas gesehen, was nur wenige erblicken.

Persephone arbeitet ebenso wie die Spionin und die großen Fürstinnen in zwei Welten. Jeanne d'Arc verstand es meisterhaft, die Kategorien des Versteckten und des Offensichtlichen, des Ernsthaften und des Leichten zu vermischen. Auf ihrem ersten Marsch in feindliches Gebiet traf Jeanne auf einen jungen englischen Leutnant, gegen den sie am nächsten Tag kämpfen würde. Es war spät und schon dunkel, und der Leutnant hielt sie für einen Jungen, der mit seinem Freund (ihr Sergeant, der ebenso jung war wie sie) einen kleinen Ritt unternahm. Er fragte, ob der Fremde das »Mädchen von Orleans« gesehen habe. Ja, antwortete Jeanne, sie habe sie gesehen. »Berichte mir von ihr«, bat der Leutnant. Jeanne erzählte ihm alles über sich selbst, einschließlich ihres Planes, am folgenden Tag die Brücke hinter sich und ihren Leuten in Brand zu setzen, um den Feind auf der anderen Seite in der Falle zu haben. Ihr Sergeant traute seinen Ohren nicht – sie hatte ihre Strategie an den Feind verraten! Der englische Leutnant erhob sich. »Dann werde ich selbst die Brücke anzünden«, erklärte er, »und das Fräulein von Orleans zu einem Zweikampf mit mir zwingen. Ihre Truppen sind den meinen ohnehin nicht gewachsen.« »Wenn Sie wollen«, sagte Jeanne, ihr Gesicht im Dunkel verbergend, »kann ich heute nacht die Brücke für Euch in Brand setzen.« Der Leutnant nahm das Angebot an. Er würde seinen Leuten eine gute Nachtruhe verschaffen, so daß sie am nächsten Morgen zuversichtlich gegen die Feinde antreten könnten. Jeanne eilte zurück zu ihrem Lager, sammelte ihre Leute, ritt mit ihnen am Feind vorbei, überquerte die Brücke und zündete sie hinter sich an. Wie sie angekündigt hatte, saßen die Feinde in der Falle – gefangen in ihrem Lager und ihrer Einfältigkeit.

Was hat Jeannes Beispiel mit einer Fürstin, die ihre eigenen Kriege führt, gemein? Alles. Sie sagte die Wahrheit, sie führte den Kampf nach ihren eigenen Regeln und nicht nach denen ihres Gegners. Und der Gegner spielte nach ihren Regeln, ohne zu wissen, was er tat. Sie mißachtete alle Gesetze, nach denen Herrschaft lebt und stirbt. So handelt eine große Spionin und eine wahre Fürstin.

Jeanne d'Arc kehrte in dieser Schlacht den Spieß einfach um; diese Methode nennt man konfrontierende Kooperation. Für einen Krieger, der auch Liebhaber ist und Grausamkeit mit Sanftheit verbindet, ist diese Strategie der konfrontierenden Kooperation etwas ganz Natürliches. Man muß dabei nur an das Feuer denken, das mit der ganzen Gewalt seiner Hitze den Stahl schmilzt, aus dem man das Schwert schmiedet. Wenn Sie in eine gefährliche Situation geraten, machen Sie sie noch etwas gefährlicher, bringen Sie den Konflikt zum Sieden. Gefühlvolle Frauen werden geliebt und geachtet. Aber

Frauen, die große Taten vollbringen wollen, erreichen dies nicht einfach, indem sie ein gut gebügeltes Kleid von Armani tragen, in ein angesehenes Viertel ziehen oder Pluspunkte machen, weil sie für den Fall, daß sie einmal von einem Bus angefahren werden, die teuerste Unterwäsche tragen. *Der Grad, bis zu dem eine Fürstin sich kooperativ verhält, muß immer ins Verhältnis gesetzt werden zu dem Maß, in dem sie sich zerstörerisch verhält.*

⚜

Wenn Sie zerstörend wirken wollen, müssen Sie die Spielregeln bestimmen.

Nach Ihren eigenen Regeln zu spielen ist kritisch, denn weder im Leben noch im Krieg mit ihren vielen Spielarten ist es vorgesehen, daß Sie einen Sieg davontragen. Niemand will, daß Sie Erfolg haben, am allerwenigsten Sie selbst. Eine Frau zerstört ihren Triumph, weil sie Schuldgefühle wegen ihres Sieges empfindet. Andere Frauen, und auch Männer, sähen Sie lieber geschlagen. Und selbst wenn Sie diesen negativen Erwartungen und schlechten Gefühlen zum Trotz erfolgreich sind, werden Sie am Ende doch unter anderen Bedingungen als Ihren eigenen siegen. Eine Fürstin gewinnt Glück, Befriedigung, wahre Liebe und Freiheit. Männer neigen dazu, sich mit weniger zufrieden zu geben.

Wenden Sie diese Strategie aber nicht an, wenn alles, was Sie erreichen wollen, darin besteht, daß Ihre Assistentin Ihre Briefe tippt. Oder wenn Sie einen verlorenen Liebhaber wiedergewinnen oder Anerkennung von einem egozentrischen Chef ernten wollen. Die Lektionen in diesem Buch sollen höheren Zielen dienen, es sind Strategien, um die Dinge zu erlangen, die Sie wirklich wollen – je mehr davon, desto besser. Chancen, nicht nur Lob. Liebe und Vertrauen, nicht Gehorsam. Überraschung, nicht Vorhersagbarkeit.

Eine Freundin, die Wirtschaftswissenschaftlerin ist, berichtete mir von einer Begegnung, die sie mit einem großen Lehrer der Philosophie und Religion hatte. Jahrelang hatte sie ihm geschrieben und ihn gebeten, bei ihm studieren zu dürfen, denn er nahm in regelmäßigen Abständen Studenten bei sich auf, denen er seine einzigartigen Prinzipien über ein Leben in Weisheit vermittelte. Sie wußte, daß er mit diesen Menschen sehr hart umging, um die engen Vorstellungen, die sie von sich selbst und der Welt hatten, aufzubrechen. Viele konnten diese Härte oder auch die Entdeckungen nicht aushalten. Andere wieder sagten, die Erfahrung habe ihnen ein neues Leben geschenkt. Zu ihrer Überraschung hörte sie eines Tages, daß er in der Nähe eine seiner seltenen Lesungen abhielt. Sie ging hin und stellte sich im Anschluß an die Lesung vor. Er sagte: »Ich esse heute abend gemeinsam mit ein paar Freunden, kommen Sie doch mit.«

Sie war maßlos aufgeregt und kam viel zu früh in dem Restaurant an. Geduldig wartete sie dort, obwohl es immer später wurde. Als die anderen Gäste das Lokal verließen und es den Eindruck machte, als würde man bald schließen, wurde sie ängstlich und enttäuscht. Aber da fuhr ein Taxi vor, dem der Philosoph und einige seiner Studenten entstiegen. Sie begrüßten sie herzlich, und einer der Studenten plazierte meine Freundin an der Seite des Lehrers, was eine große Ehre war.

Schon bald fand sie Gelegenheit, ihn zu fragen, ob sie

bei ihm studieren dürfe. »Vielleicht«, antwortete er. »Sie wissen, daß, wenn Sie sich dazu entschließen, harte Arbeit auf Sie wartet, in deren Verlauf Sie jedoch einige Veränderungen wahrnehmen werden. Sie werden wahrscheinlich zehn oder mehr Jahre Ihres Lebens dazugewinnen. Sie werden glücklicher sein als zuvor. Ihr Ehemann wird Sie attraktiver finden, Ihre Kinder werden in Ihnen eine bewundernswerte Frau sehen. Ihre eigenen Studenten werden Sie verehren. Ihre Publikationen werden viel gelesen und ernsthaft diskutiert werden.« Meine Freundin war begeistert. Was könnte sie mehr wollen? Ja, wollte sie ihm antworten, ich bin bereit, ich gehöre Ihnen, als der Lehrer sich ihr wieder zuwandte und sagte: »Wenn das *alles* ist, was Sie wollen.«

Meine Freundin, eine Wirtschaftswissenschaftlerin, eine Frau der umsichtig gezogenen Schlüsse und behutsam aufgestellten Maßstäbe, war plötzlich mit dem einfachsten Wort ihres Berufes auf verwirrende Weise konfrontiert: »alles«. Sie war überaus verletzt und verstand die Welt nicht mehr. Es war ihr klar, daß sie nicht reif war, bei ihm zu studieren. Monatelang dachte sie über den Satz »*alles*, was Sie wollen« nach. Was konnte man mehr wollen, als ernstgenommen zu werden? Das Selbstvertrauen, das man braucht, nicht um ernstgenommen zu werden, sondern um frei und ungezwungen zu leben. Was konnte größer sein als die Liebe des Ehemannes oder die Verehrung der Studenten? Sich selbst zu lieben und sich selbst zu akzeptieren. Was konnte mehr sein als zehn Jahre ihres Lebens? Ein Tag der vollkommenen Einsicht. Als sie erkannte, wofür sich zu kämpfen lohnt, war sie bereit anzutreten. Etwas später begann sie bei ihm zu studieren.

IV
Erweitern Sie den Bereich, in dem Sie Stärke zeigen können

In unserer vom Geld regierten Gesellschaft sind es die Männer, die die Welt von ihren dicken Schreibtischen aus bestimmen. Sie sind gebieterisch, werden respektiert und sind reich. So manche Fürstin möchte vielleicht sein wie sie. Aber sie kann niemals *sie selbst sein*, solange sie nur versucht, so zu sein *wie sie*. Sie kann niemals Macht ausüben, wenn sie versucht, auf dieselbe Weise wie Männer verantwortlich zu sein.

Wenn Sie die Machtstrukturen der Männer ausüben, machen Sie sich nur noch abhängiger von ihnen, denn Sie werden niemals in einer Sache so gut sein wie die, die dazu geboren wurden. Was also bleibt Ihnen übrig? Nur wenige Firmen werden Sie zum Chef ernennen. Vielleicht werden Sie ausreichende Führungsqualitäten erlangen, um über ein Kind zu bestimmen oder eine schwierige Ehe im Zaum zu halten. Aber ist das ein Gewinn? Oder nur ein Kompromiß? Es ist immer ein Kompromiß, wenn man »befiehlt« und »kontrolliert«.

Die Geschichte zeigt, daß es Frauen nicht gelungen ist, die Kriege der Männer zu führen. Dank der Errungenschaften des Feminismus haben Frauen heute Zugang zu allen Berufsgruppen, sind aber in keiner führend, weil sie viel zu sehr gegen Widerstände wie etwa die bestehenden Mächte gekämpft haben. Und unter Männern ist man nicht stark genug, wenn man nur so ist »wie sie«.

Aber auch wenn wir einmal im Vorteil sind, haben wir kaum eine Chance. Schauen Sie sich das größte wissenschaftliche Projekt seit der NASA an, das World Wide Web. Es wird wegen seiner femininen Struktur als ein Vorbild an Kommunikation und Beziehung verherrlicht, aber dennoch ist keine einzige Frau Führungskraft oder Eigentümerin einer Web-Company. Unter den Hunderten neuer Internet-Millionäre in diesem Jahr ist keine Frau.

Wohin gingen die großen Gründer des Reiches, als Rom erobert wurde? Warum fliehen Frauen, die öffentlichen Einfluß haben, wie es die Architekten Roms taten, als die Barbaren einfielen? Bald nach der Erfindung des Flugzeugs beanspruchten Frauen eine führende Position in dieser neuen Technologie. »Aus Flug wurde Fliegen«, formulierte es der Technik-Guru John Evans. »Frauen griffen, was Wilbur und Orville erfunden hatten, auf, und verwandelten die Technik des Fluges zur Romantik des Fliegens. Die Himmel waren voller Fliegerinnen, die die abenteuerlichsten Routen flogen.« Doch als Männer sich für die Sache zu interessieren begannen – und das taten sie, sowie es in der kommerziellen als auch in der privaten Fliegerei Geld zu verdienen gab –, gaben die Frauen auf. Sie wollten sich den Männern nicht entgegenstellen, es war, als fürchteten sie die Lust an der Macht, am Geld und am Einfluß. Das Fliegen wurde diszipliniert, finanziell einträglich und langweilig, und für die nächsten fünfzig Jahre saßen keine Frauen mehr an den Steuerknüppeln.

Macht und Strategien der Männer beruhen auf einem System von Befehlen und Kontrollen: Irgend jemand oder irgendeine Organisation erfindet die Gesetze und Regeln, an die sich zu halten alle anderen gezwungen sind. Regeln schränken individuelles Verhalten ein – das ist der Grund für Kontrolle. Das Problem ist nur, daß sie sowohl schlechtes als auch gutes Verhalten einschränken. Jede Frau kennt dieses Gefühl: Ein Liebhaber gewährt Ihnen nur einen bestimmten Freiraum, indem er auf Ihrer Treue in jeder Hinsicht, nicht nur, was Sex angeht, besteht, und schon gerät die Beziehung ins Wanken. Ein Arzt, Jurist oder Chef sagt, daß er Sie zwar unterstützt, aber nur, wenn Sie nach seinen Vorschriften handeln. Eine Firma schreibt Ihnen vor, daß Sie tagein, tagaus im engen Rahmen eingeschränkter Verantwortung arbeiten sollen. Überall herrschen Befehl, Kontrolle und Unterdrückung über die Freiheit.

Ab und zu durchbrechen Frauen diese unsichtbaren Decken, aber nicht auf eine Weise, die ihnen wirkliche Macht verleiht. Von den 500 erfolgreichsten weiblichen Führungskräften, die ganz oben in der Rangliste stehen, verkauft eine Barbie-Puppen und eine andere Büsten- und Hüfthalter. Nach all den Jahren seit der industriellen Revolution sind es immer noch Barbies, BHs und Hüfthalter!

Die Macht von Befehl und Kontrolle hat ein Land der Staumauern, der großen Straßen und der riesigen Firmen errichtet. Aber wie könnte dieses Land heute aussehen, wenn eine andere Form der Macht vorgeherrscht hätte? Was wäre, wenn es eine Alternative zum Befolgen und Brechen der Gesetze gegeben hätte, wie zum Beispiel sie zu umgehen? Was, wenn wirklich das Fliegen den Flug bestimmt hätte und Frauen heute im Besitz der Flugindustrie wären? Würden Flugzeuge weniger den Eindruck von Bombern erwecken? Würde Fliegen Spaß machen? Wäre ein Service für Paschas Routine? Befehl und Kontrolle bringen ein bewußtes Ignorieren von Möglichkeiten mit sich. E. M. Foster hat dieses Problem in seinem Buch »Howards End« in der Figur des Industriellen Wilcox personifiziert. Dieser hat einen Streit mit seiner Frau, die behauptet, daß er viele Dinge niemals bemerke, »das Licht und die Schatten, die in der dumpfesten Unterhaltung existieren«. Er antwortet:

»Mein Motto heißt Konzentration. Ich beabsichtige nicht, meine Kraft mit so etwas zu vergeuden.«
»Das ist keine Kraftverschwendung«, protestierte sie. »Es erweitert den Bereich, in dem du stark sein kannst.«

Den Bereich erweitern, in dem man stark sein kann – das ist das Ziel der Fürstin, ganz gleich, worum es in dem Krieg geht. Zu siegen, ohne zuvor die Meister von Befehl und Kontrolle schlagen zu müssen, das ist die Herausforderung – eine Kunstfertigkeit, die Sie im Kapitel »Übertreffen ist besser als Siegen« (S. 103) im »Buch der Taktik« erlernen werden. Aber zunächst einmal beweisen Philosophie und Strategie des Krieges vor allem eines: Die Menschen wollen nicht besiegt werden, aber sie wollen gewonnen – oder erobert – werden.

V
Weiblichkeit ist ein großer Reichtum und verdient es auch, als solcher behandelt zu werden

Die Fürstin, die auf natürliche Weise herrscht, hat immer weniger zu fürchten oder zu verlieren. Wenn ihre Macht in ihrer Tradition verankert ist – ihrem tiefen Ausdruck der Weiblichkeit –, dann genießt sie mehr Freiheit und Besitz, als wenn sie versuchte, ihre Macht anderen aufzuzwingen.

Irgendwann einmal wird man Stalin nur mehr als einen Tyrannen kennen, der in der Zeit der Dichterin und Kämpferin Anna Achmatova lebte. Sie wird noch lange verehrt werden, wenn dieser mörderische Diktator nur mehr eine Erinnerung sein wird, ebenso wie wir heute lieber von den hübschen kleinen Kämpfen lesen, die Marc Aurel mit seinem Gewissen ausfocht, als von den groß zelebrierten Plünderungen Julius Cäsars. Wir verehren Sokrates im Kampf gegen seinen Dämon, nicht Alexander und das Blutvergießen bei Persepolis. Die Eroberungen der alten Despoten sind nie von Dauer gewesen. Alle Beispiele zeigen, daß nur das Weibliche, nicht die von Befehl und Kontrolle gelenkte Strategie, die Zeiten überdauert.

Weiblichkeit ist ein großes Erbe, ein Glücksfall, und verdient es auch, als solches behandelt zu werden. Zu den durch die Weiblichkeit ererbten Reichtümern gehört die Verletzlichkeit. Stellen Sie sich vor, daß Ihre Gesundheit sich im Laufe der Zeit abnutzen wird und daß das Auge eines Kernspintomographen über Sie hinfährt, Ihre geschlossenen Augen und Ihren Körper ebenso wie Ihren schicken Pullover und die Haut durchschaut und Ihnen berichtet, was in Ihrem Körper nicht mehr im ursprünglichen guten Zustand ist. Der Körper, der Ihnen so viel Freude bereitet hat – jetzt werden Sie ihm die Aufmerksamkeit zurückgeben müssen, um derentwillen er Sie bisher nie belästigt hat. Oder denken Sie an die verantwortungsvolle Aufgabe, jede Ecke und jeden Winkel Ihres Selbstwertgefühls auszufüllen. Sie verlieren einen Kunden, ein anderes Projekt droht zu sterben. Mit einem Mal scheint all Ihr Wissen über Ihren Beruf lächerlich zu sein. Sie kommen sich vor wie eine Schwindlerin. Das ist Verletzlichkeit. Sie sitzen bei Ihrem Kind, und Sie beide sind unzufrieden über seine Wut und Ihre Entscheidung, sie zu bändigen. Sie fühlen sich verloren, während Sie darum kämpfen, die Situation in den Griff zu bekommen. Dabei erinnern Sie sich daran, wie die verletzende Stimme Ihrer Mutter oder Ihres Vaters den Raum erfüllte; egal, was gesagt wurde, die Botschaft kehrt mit aller Macht wieder. Anstatt die ererbte Kraft in diesen Situationen zu erkennen und sich die Gefühle der Schwachheit einzugestehen, lassen Sie sich von ihnen unterkriegen.

In diesem Zustand der Machtlosigkeit gegenüber Ihrer eigenen Schwäche sind Sie reif, die Wahrheit über Macht zu lernen. Macht hat nichts mit Kontrolle oder Einschüchterung zu tun, sondern damit, zu lernen, was in Ihnen steckt. Wie die Sängerin Alanis Morisette sagte, ist Macht »ein bestimmtes Gefühl der Furchtlosigkeit vor meiner Verletzlichkeit ... je bewußter und verletzlicher ich war, desto mehr Kraft gewann ich«.

Dies ist der Schlüssel zur Macht der Fürstin. Sie werden andere nicht kontrollieren, sondern in einer Situation, in die Sie sich versetzt finden, nur sich selbst lenken können. Auf diese Weise können Sie sich selbst erlauben loszulassen – um dann ruchlos zu werden. Deshalb können Sie dem Gegner Ihre besten Taktiken oder Ideen enthüllen, deshalb können Sie ihm immer näher rücken und müssen nicht in vermeintlich sicherem Abstand bleiben.

Wie wäre es, wenn Sie einmal versuchten, sich selbst besser zu durchschauen, als ein Kernspintomograph es je könnte, und wenn Sie sich klarmachten, was das Fehlen von Kontrolle über Ihren Körper und Ihre Welt wirklich bedeutet? Ist Ihre Zartheit ein Zeichen dafür, daß es Ihnen völlig an Kraft mangelt? Daß Sie die Kontrolle über das, was Ihnen am nächsten ist, nämlich sich selbst und Ihren Körper, verloren haben? Oder kommt hier eine andere Definition von Macht zum Tragen? Bedeutet Kraft nur die völlige Freiheit, so hart zu kämpfen, wie Sie wollen, weil das verlangt wird?

Macht ist das Gegenteil von Befehl und Kontrolle, sie befiehlt nicht, und sie kontrolliert nicht. Macht führt Sie in den Streit und läßt Sie offen und unbewaffnet dem gegenübertreten, was immer auf Sie zukommen wird: Ihre Verletzlichkeit ist Ihre Stärke. Ihre eigenen Sehnsüchte sind weitaus kraftvoller als alle Vorhaben, Fallen oder Sabotageversuche, die Sie gegen den Feind ersinnen mögen.

Entkleiden Sie einmal alle gängigen Ideologien dessen, was Macht ausmacht, und Sie werden sehen, daß Männer schon immer Ehrfurcht vor Frauen hatten, da diese viel stärker sind als sie selbst. *Macht ist nicht das, was Sie benutzen. Es ist das, was Sie besitzen.*

Frauen sehen Macht falsch. Sie verwechseln sie mit den Regeln von Befehl und Kontrolle – dem Gesetz, der Meisterschaft, der Unterwürfigkeit. Einmal auf dem falschen Kurs, folgen sie zwei irrtümlichen Wegen zur Macht. Entweder geben sie zu früh auf, oder sie schlagen über die Stränge, drängen unablässig und verhalten sich wie Männer, die immer dominant sein wollen und in ihrer Sucht nach Kontrolle alle Alternativen unterdrücken.

Tragen Sie die Macht in sich. Das ist das Geheimnis. Das ist der Angelpunkt, der die Strategie wirksam werden läßt: der Hebel der in sich ruhenden Macht.

Stärke bedeutet, die Kraft, die tief in Ihnen ruht, anzuwenden. Nicht die von außen herangezogene. Nicht die im Halfter wie eine Smith & Wesson getragene. Nicht die durch ein falsches Spiel der Aggression demonstrierte. Sie werden vielleicht niemals auf die Kraft in Ihnen aufmerksam werden, bis Sie einmal krank werden oder mit dem Rücken an der Wand stehen. Sie mögen denken, daß das, was in Ihnen steckt, dort verborgen ist, da es nicht verdient, das Tageslicht zu sehen, weil es schwach und abscheulich ist. Wie die meisten Frauen ziehen Sie irgendwo eine Trennlinie zwischen dem Starken und dem Schwachen. Das Starke ist das Gesicht, das Sie der Welt zeigen. Das Schwache ist die schüchterne Antwort, die plötzlichen Tränen, die Unsicherheit, die Verletzlichkeit. In einer von den fürstlichen Kräften der Männer beherrschten Welt stehen diese Dinge auf der Soll-Seite. In der Welt, die Sie jetzt erkennen, stellen sie Stärken dar. Es ist die Macht der Spionin, offensichtlich und verborgen zugleich. Nur die Spionin ist gleichzeitig verletzlich und sicher, verborgen und gegenwärtig.

Wie verleihen Sie nun einer Macht, die so überirdisch und verletzlich ist, Ausdruck?

VI
Wie Sie die Menschen auf kurze Sicht zum Handeln bringen

Machiavelli lehrte den Fürsten die Macht der Unterdrückung: Die Menschen sind wie Kinder, sie wollen Befehle. Sie wollen tyrannisiert werden. Sucht nicht nach Liebe, denn wenn sie Euch lieben, ist das ein Zeichen dafür, daß Ihr die Kontrolle verloren habt und sie nun die Oberhand gewonnen haben.

Das Problem bei dieser Form der Machtausübung ist, daß Sie die Quellen der Energie versiegen lassen, aus denen Sie schöpfen. Die Menschen um Sie herum werden beginnen, Sie zu hassen und von Vergeltung zu träumen. In wie vielen Ehen spielt sich nicht das Drama zwischen Israelis und Palästinensern ab – eine Seite übt einen terroristischen Anschlag gegen die andere aus? Im Nahen Osten geht es dabei um Menschenleben; in der Liebe – geht es auch um Menschenleben.

Die machiavellistische Kontrolle versetzt Sie in den Zustand des Bewahrenden. Sie bewahren aber nur, was Sie schon haben. Wenn es gut läuft, bekommen Sie vielleicht noch dazu, was andere haben, aber dann müssen Sie nur immer mehr Energie darauf verwenden, es zu verteidigen. So werden Sie zwangsläufig immer weniger Freude an Ihren Siegen haben. Und Sie verlieren die

Fähigkeit, nach größeren Zielen zu streben, die sich in einer anderen Art des Kriegsspiels möglicherweise auftäten.

Die machiavellistische Macht ist von besonders primitiver Natur. Eine etwas weiterentwickelte Form ist das Gleichgewicht der Kräfte. Hier hat der Gegner etwas, das Sie wollen, im Austausch dafür erhält er etwas von Ihnen. Gewinner ist derjenige, der am wenigsten weggibt. Das ist gemeint, wenn es heißt, man würde Einfluß auf einen Gegner ausüben. Eine Firma gibt Ihnen eine gewisse Information, aus der Sie auf die ungefähre Dauer Ihres Jobs schließen können; die entscheidende Information, wie lange Sie wirklich dabei sein werden, wird jedoch zurückgehalten. Wenn Sie ein Gleichgewicht der Kräfte erlangen, dann führt das tatsächlich zu einer Form des hinterhältigen Krieges. Sie glauben, den Sieg davongetragen zu haben, dabei hat der Feind Sie nur in einen falschen Frieden eingelullt und Ihnen so alles Kämpferische geraubt.

Es ist ein verführerischer Gegner, der die Strategie des Kräftegleichgewichts praktiziert. Er umgarnt Sie, indem er Ihnen kleine Siege, Teilinformationen oder sorgfältig bemessene Gefühlsregungen gönnt. In einem Moment gibt er, im nächsten nimmt er, so daß Sie jedes Gefühl dafür verlieren, was Geben und was Nehmen ist. Das Gleichgewicht der Kräfte ist also, ebenso wie die Unterdrückung, ein kleines Spiel. Sie verhandeln nur, was jeder von Ihnen bereits hat, und jeder nährt die Unsicherheiten des anderen: Was sagt er mir *nicht*? Das macht die Unsicherheit nur noch größer und verhindert eine gute Allianz.

Das ist auch der Grund, warum Verhandeln sinnvoll

ist, aber nicht großartig, denn es verteilt nur noch einmal, was jeder schon besitzt, ohne – wie es in einem Kampf geschehen würde – größere Möglichkeiten aufzutun.

Diese beiden Arten der Macht sind auf die Ängste gegründet, die die Menschen dazu veranlassen, auf kurze Sicht nach Ihren Vorstellungen zu handeln. Aber nur Liebe bringt sie dazu, etwas auf lange Sicht zu tun.

VII
Wie Sie die Menschen auf lange Sicht zum Handeln bringen

Die Strategie, die die Kunst der Fürstin bestimmt, kennt keine Alternativen. Es gibt nur eine Strategie, deren Erfolg durch alle Fürstinnen bewiesen ist: eine Kombination von Liebe und Krieg. Diese beiden Begriffe stellen für die Fürstin keine Gegensätze dar, sondern sind die miteinander verbundenen zwei Hälften ihrer einen Strategie.

Liebe und Krieg miteinander zu verbinden setzt voraus, daß man die Liebe in einem neuen Licht sieht. Zwar ist sie schon immer zusammen mit Krieg genannt worden, jedoch nur als dessen Antithese. Ein Soldat wie Odysseus kämpft mit ganzer Seele, um dann die lange Reise zurück zu seiner geliebten Penelope anzutreten. Und Machiavellis Fürst lernte, daß es für den Erhalt der Macht besser ist, respektiert und nicht geliebt zu werden, denn Liebe würde seine Fähigkeit, anderen gegenüber hart zu sein, in Frage stellen. Machiavelli hätte sich nie vorstellen können, daß die Liebe die kompromißloseste aller Waffen ist. Liebe braucht keinen Kompromiß; aus der Position der Liebe heraus zu kämpfen heißt, einen endgültigen Sieg zu erringen, dessen Lohn über jede Vorstellung geht.

Sokrates war der Ansicht, daß vor Befehl, Kontrolle oder Einfluß das Kriegsmal des Liebenden der richtige Weg zu kämpfen sei. Seine Lehrerin, Diotima, lehrte ihn die verschiedenen Ebenen der Liebe, die mit der erotischen Liebe beginnen und in einer reinen Liebe zum Schönen gipfeln. Aber sie zeigte ihm noch eine andere Liebe, und zwar die gesellschaftliche oder politische Liebe. Diese ist ein Gefühl der Verwandtschaft mit jedem Menschen und jedem Ding. Ein blaues Scharnier an der Tür eines Restaurants bringt Sie mit seiner Schönheit dazu anzuhalten. Eine Fremde lächelt Ihnen im Vorbeigehen zu, und obwohl es keinen Grund dafür gibt, fühlen Sie ihre Wärme. Sie sind stolz auf Ihr Land, weil es einen Sieg erringt, oder auf Ihre Firma, weil sie die Bedingungen der Angestellten verbessert. Natürlich können Sie diese Momente herunterspielen und sagen, daß die Dinge einfach »zu Ihnen sprechen«. Aber es ist mehr. Die Tatsache, daß sie überhaupt zu Ihnen sprechen, zeigt, daß Sie für die politische Liebe reif sind. Sie sind in der Stimmung, überall Schönheit zu erkennen.

Eine Art »Schicksalsgenossenschaft mit allem, was ist« empfand Lou Andreas-Salomé, die die Mutter der Psychoanalyse genannt wird, die Schützling von Freud und die vermeintliche Liebhaberin zweier intellektueller Titanen ihrer Zeit war, des Dichters Rilke und des Philosophen Nietzsche. Wenn Sie sich als Teil von allem fühlen, das existiert, als wäre es für Sie dorthin gesetzt – und sei es nur das blaue Scharnier an einer Tür –, dann scheint nichts mehr außerhalb Ihrer Möglichkeiten zu sein. Der machiavellistische Drang zu kontrollieren überkommt Sie hingegen dann, wenn Sie das Gefühl haben, die Dinge lägen außerhalb Ihrer Kontrolle und Sie müßten sie festhalten.

Wenn sie aber in Solidarität mit Ihnen existieren, dann werden Ihre kleinsten Gesten viel bewirken. Es kostet die Fürstin wenig Anstrengung, einen Finger krumm zu machen. Wenn alles so sehr ein Teil ihrer selbst ist, wie dieser Finger, dann vermag sie die Welt zu bewegen.

Wenn Sie fühlen, daß alle Menschen auf irgendeine Weise mit Ihnen zusammenhängen, dann geschieht noch etwas anderes: Sie werden größer, als Sie als einzelner Mensch sind. Walt Whitman sagte: »Ich enthalte Massen.« Mit der Kriegsstrategie der Liebe zu kämpfen bedeutet, daß nichts außerhalb Ihrer selbst oder Ihrer Kraft existiert und daß Sie nicht mehr auf die Haut, die Knochen und den Herzschlag reduziert sind, die Sie bisher *Ich* genannt haben.

Sokrates glaubte so fest daran, daß Liebende an etwas Höheres als die Wirklichkeit heranreichen, an eine Art mythische Bewußtheit, daß er dieses Prinzip bis zum Äußersten zu Ende dachte. Er forderte den Senat von Athen auf, seine Armee von ausgebildeten Soldaten abzuschaffen und statt dessen Liebende einzuberufen, um die Kriege für Athen zu führen. Eine Truppe liebesseliger Soldaten, die mit verklärtem Blick in die Schlacht schreiten, erschien ihm absolut sinnvoll. Wer kämpft grimmiger als eine Frau, die zur reißenden Tigerin wird, wenn ihre Kinder in Gefahr sind? Das ist Liebe auf dem Kriegspfad. Wer ist wütender als ein gehörnter Liebhaber? Kein Soldat vermag schlauer zu taktieren als eine Liebende – allein durch die Kraft ihrer Sehnsucht kann sie die Welt dazu bringen, sich ihren Träumen zu unterwerfen. Wenn Soldaten einen Sieg mit derselben Hingabe erringen könnten, mit der Liebende ihre Geliebten erobern, dann würden sie fast immer mit kaum mehr Einsatz als dem Wunsch zu siegen triumphieren. (Und wenn Liebende strategisch vorgingen, dann gäbe es weniger gebrochene Herzen.)

Ein einfacher Kuß mag hier als Beispiel dienen. Myrlie Evers-Williams verlor in den frühen 90er Jahren aufgrund wütender Widerstände gegen ihre Kandidatur fast die Wahl zur Vorsitzenden des NAACP. Als sie schließlich mit knapper Mehrheit gewann und vor ihre Kritiker trat, um ihre Antrittsrede zu halten, warf sie eine Kußhand in den Raum. Ein Kuß ist nichts, ein wenig Atem, nicht mehr. Er ist nichts, aber er verändert alles. Die Atmosphäre im Raum wandelte sich von Feindseligkeit zu – wenn auch widerwilligem – Respekt.

Jede Kämpfende, die glaubt, daß ihre Sehnsüchte von der Welt geteilt werden, ist eine Liebende. Eine Liebende hat das Gefühl, die Sonne scheine nur für sie; sie lebt in einer Traumwelt, in der alles möglich ist. *Mit der Strategie der Liebe unterstützen Sie Ihren kriegerischen Traum, ganz gleich, was die Leute über den Unterschied zwischen Traum und Wirklichkeit sagen.* Die meisten Menschen leben in ihren Träumen, lassen sie aber nicht Wirklichkeit werden. Sie verhalten sich, als gäbe es eine Trennlinie zwischen beiden Welten. Das stimmt aber nicht. Montaigne schrieb von einer Frau, die jeden Tag ein Kalb hochstemmte und die es auch noch heben konnte, als es schon eine Kuh geworden war. In ihrem Geist würde sie immer imstande sein, dieses Tier hochzuheben, und folglich konnte sie es. Auf ähnliche Weise erneuert der Geist der Liebenden die Wirklichkeit.

Fürstinnen spüren dies oft schon früh im Leben. Später dann übertragen sie diese Solidarität auf alle ihre Beziehungen und bewahren, was sie lieben und sich erträumen. Die politische Liebe wird ein Teil ihrer visuellen und emotionalen Sprache. Sie gewinnen Macht, indem sie schlicht die Existenz der Liebe als die beste Kriegsstrategie erkennen.

Gertrude Bell empfand dies schon als junges Mädchen im London des ausgehenden 19. Jahrhunderts. Sie war gerade dabei, ihrer Stiefmutter die Geschichte vom Tod eines Helden vorzulesen, als sie ein Telegramm mit der Nachricht erhielt, daß ihr Geliebter tot sei – der Mann, von dem sie neun Monate zuvor in furchtbarem Schmerz Abschied genommen hatte, weil ihr anständiger viktorianischer Vater ihre Heirat untersagt hatte. Vielleicht gab es Teile in ihr, die fühlten, daß dieser Tod kein Zufall sei und daß es einen bestimmten Einfluß gibt, den Liebende aufeinander ausüben. Und dann ging sie noch einen Schritt weiter: *Wenn man sich allen Dingen gegenüber wie eine Liebende verhielte, dann würde man übernatürliche Macht über sie haben.* Sehnsucht regiert die Welt: Sagen Sie etwas mit Überzeugung, und es wird geschehen. Kämpfen Sie mit der Empfindsamkeit einer Liebenden (nicht eines Ernährers), und die Welt wird sich nach Ihren Wünschen verändern.

Bis zur Ankunft dieses Telegramms hatte Gertrude bereits erstaunliche Dinge vollbracht, zunächst in Oxford. Sie war auf konventionellen Gebieten erfolgreich gewesen, indem sie sich selbst ernstgenommen und alle Regeln, die ihr auferlegt wurden, übertreten hatte – mit Ausnahme des Diktats ihres Vaters, ihren Freier zurückzuweisen. Nun veränderte sich alles schlagartig. Sie hatte schon in seiner Abwesenheit um ihren Geliebten getrauert, nun würde dieser Schmerz real und vollendet werden. Wenn ihre Taten die Wirklichkeit tatsächlich beeinflussen konnten, dann würde sie nie wieder eine ablehnende Antwort akzeptieren. Sie würde sich nie wieder von ihren negativen Gefühlen leiten lassen. Sie würde keiner Gefahr aus dem Weg gehen und sich von keinem Verbot schrecken lassen. Sie würde ihren Gefühlen in Form der politischen Liebe Ausdruck verleihen. Gertrude Bell brach auf und wurde zu einer großen Abenteurerin, einer geachteten Spionin in den arabischen Ländern, einer Vertrauten des Lawrence von Arabien und zur Heldin ihres eigenen Rechts.

Um Menschen auf lange Sicht zum Handeln zu bringen, benutzt die Fürstin einen Mechanismus, den Physiker als »starke Anziehungskräfte« bezeichnen – die Kräfte, die in direkten Kontakt kommen und sich dann umkehren. So verändert man die Regeln des Spiels.

VIII
Wie eine Fürstin hoch zielte, um ins Schwarze zu treffen

Eine kluge Fürstin folgt immer ihren größten Vorbildern, eine kluge Studentin lernt durch Nachahmung. Aber allzuoft treten wir in die Fußstapfen derer, die uns räumlich und zeitlich gesehen am nächsten sind, und die Modelle, nach denen wir uns selbst formen, sind dann nicht zwangsläufig auch die besten oder vornehmsten, sondern oft einfach die vertrautesten. Es fehlt uns der Hauch der Größe, der jene umweht, die in gefährlicheren Zeiten als unseren lebten. Zielen Sie höher, sage ich, wie eine Meisterschützin, die weiß, daß man über sein Ziel anlegen muß, um es zu treffen.

Die Geschichte von Magda Trocmé, Ehefrau eines Pfarrers in Frankreich, ist das außerordentliche Beispiel einer Frau, die keine Reichtümer und keine große Autorität besaß, außer der Möglichkeit, anderen zu helfen. Sie tat es auf wunderbare Weise und schreckte Unterdrücker und Mitläufer durch eine Strategie ab, die die Mittel von Liebe und Krieg vereinte.

Magda übte im Zweiten Weltkrieg Widerstand und wußte, daß sie jede unterdrückende Macht überwinden konnte, ganz gleich, wie schrecklich sie wäre – nicht durch Kontrolle, nicht durch ein Gleichgewicht der

Kräfte, sondern durch ihre Fähigkeit, das mythische Bewußtsein anderer zu berühren. Sie führte keinen Krieg gegen ihre Unterdrücker, sie verhandelte nicht mit ihnen – sie wechselte das Schlachtfeld und kämpfte gegen die Wirklichkeit, oder gegen das Bild der Wirklichkeit, das ihre Widersacher verkörperten. Sie verwandelte die Sicht der Wirklichkeit, die mythische Bewußtheit ihrer Widersacher, und verwirklichte ihren eigenen Traum.

Magda und ihr Ehemann André lebten in Le Chambon, einem Dorf im Einzugsgebiet von Vichy. Während der Besatzung durch die Nazis luden sie Juden, die auf der Flucht vor Verfolgung und sicherem Tod waren, in ihr Haus ein, wo sie etwas zu essen bekamen oder übernachten konnten. Viele von ihnen blieben. Magda verhielt sich seltsam: Sie verbarg ihre jüdischen Schützlinge nicht. Sie schloß sie nicht in einen geheimen Raum ein, wie es die mutigen Menschen taten, die Anne Franks Familie aufnahmen. Magda ließ ihr Haus offen und unterhielt sich mit den Nachbarn über die Gäste, die sie beherbergte. Ein junger Flüchtling, der die Entdeckung fürchtete, flehte Magda an, wenigstens die Eingangstür zu verschließen. Sie weigerte sich und sagte, daß sie zwischen dem Leben in ihrem Haus und den Todestruppen auf den Straßen keine Trennungslinie ziehen wolle. Eine verschlossene Tür würde den Nazis signalisieren, daß dieser Ort hier sicher sei, während draußen, wo sie herrschen, die Gefahr drohte. Das zu sagen, es ihnen zu zeigen, würde heißen, mit der ungerechtfertigten Macht der Nazis zu kollaborieren. Möglicherweise kam Magda unbeschadet davon, weil das Dorf voller Leute war, die ähnlich handelten wie sie. Vielleicht war es aber auch die

Kraft ihres Glaubens daran, daß sie tatsächlich mit ihrer ungeheuerlichen Haltung bestehen würde.

Magda glaubte, daß eine offene Tür von größerem Schrecken für die Nazis war als eine Waffe, denn das war ein Zeichen, daß der Glaube stärker war als ihre Macht. Wenn eine offene Tür ihre Erlasse außer Kraft setzen konnte, was konnten dann nicht Hunderte von anderen offenen Türen in ganz Europa bewirken? Konnten Frauen die Nazis besiegen, indem sie einfach ihre Türen nicht verschlossen? Das ist genau das, was viele Frauen, die Anführerinnen der Widerstandsbewegungen in Schweden, Polen und in den Niederlanden taten.

Magda brachte es fertig, die Anspannung in ihrer Umgebung aufzulösen. Sie war ungeheuerlich, aber kein Ungeheuer. Eine Kombination von Gegensätzen beschreibt sie am besten: passiv, aber widerständlerisch, streitlustig, aber nicht aggressiv. Eine Siegerin, die dem Gegner nicht das Gefühl gab, besiegt zu sein. Eine wütende Liebende, eine Frau, die sich auf keinen Kompromiß einließ.

Sie rettete Hunderten von Juden das Leben und auch einigen Deutschen. Eines Nachts kam die Polizei von Vichy, um ihren Mann zu verhaften. Es sprach sich wie ein Lauffeuer herum, daß die Deutschen André Trocmé abholen wollten. Dutzende von Familien eilten zum Haus der Trocmés und brachten André Dinge, die sie selbst schmerzlich vermissen würden, die sie aber ihm geben wollten, um ihm die Gefangenschaft zu erleichtern: Decken, Brot, Büchsenfleisch. Die Nazischergen, die André fortbringen wollten, waren von der Großzügigkeit der Nachbarn beeindruckt. Ihre offizielle, unfreundliche Fassade begann Risse zu zeigen. Vier Wochen später fanden sie einen Grund, um André wieder auf freien Fuß zu setzen.

Eines Tages kam Magda von der Arbeit an der Cevenol-Schule nach Hause, als sie die Eingangstür ihres Hauses weit offenstehend vorfand. Ängstlich ging sie hinein. Sie sah, daß nichts und niemand verschwunden war. Aber es war etwas zurückgelassen worden: Das ganze Haus war voller Blumen. Sie fand nie heraus, wer das getan hatte. »In Ordnung«, dachte sie, »sollen die Blumen mit dem ganzen Schrecken zusammen hereinkommen.«

Wenn man den Kampf einer Liebenden führt, sind Überraschungen an der Tagesordnung.

Magda brachte die Regeln des Widerstands in Bewegung, das Herz der weiblichen Kunst der Kriegsführung. An traditionellen männlichen Maßstäben gemessen hatte sie keine Macht. Sie besaß keine Armeen, und kein Gesetz war auf ihrer Seite. Aber sie wußte, wie man die Schlacht dahingehend lenken konnte, daß nicht mehr der Feind alle Karten in der Hand hielt, sondern daß ihre eigene Wirklichkeit, ihre Pläne und ihre Sehnsüchte vorherrschten.

IX
Spannung entwaffnet die Gegner

Die wirkungsvollste Waffe einer Fürstin, um sich in einem Krieg zu verteidigen oder Sehnsüchte zu erfüllen, ist der geschickte Einsatz von Spannung. Spannung ist ein Gefühlszustand, der auf unsichtbare Weise die Handlung auf einem Schauplatz bestimmt. Allerdings versuchen die meisten Frauen, das Feuer zu löschen, sowie sie Spannung spüren. Wird die Anspannung übermächtig, ziehen sie sich zurück oder reagieren wütend, um dann gleich darauf den Ausbruch zu bereuen. Dann entschuldigen sie sich und gehen auf einen Kompromiß ein. Frauen versuchen normalerweise über ihre Wut hinwegzukommen, als ob es eine Grippe wäre. Sie wiegen den Zorn aus einem Kind heraus. Sie akzeptieren ein Leben mit anstrengenden Eltern. Sie schlafen mit Männern, um den Krieg aus ihnen zu nehmen. All das ist kein strategischer Umgang mit Spannung. Was wir als Spannung empfinden, läßt uns meist erstarren, denn wir lassen zu, daß die Spannung uns erfüllt; warum benutzen wir sie nicht, kämpfen mit ihr oder behandeln sie wie eine kurze Zeit schlechten Wetters?

Eine Fürstin weiß, daß sie andere nicht kontrollieren kann – das einzige, was sie berühren oder beeinflussen kann, ist die Spannung im Raum. Und das tut sie, ebenso strategisch wie die kluge Magda, die in einer Welt, in der die Türen verbarrikadiert waren, eine Tür öffnete. So können Frauen, die in einfacheren Zeiten leben, im Angesicht unterdrückender Kräfte ihre Träume öffnen. Indem sie die Aggressionen und die Ängste, die falschen Machtansprüche und andere Spannungen beeinflußte, gestaltete Magda die Antwort des ganzen Dorfes nach ihrem Willen. Sie übernahm Verantwortung.

Eine kluge Fürstin handelt mit dem Ziel, Spannung aufzubauen. Sie sucht die Herrschaft nicht über die Menschen, sondern über die Spannungen zwischen ihnen.

Sie eröffnet eine Konferenz mit der Ankündigung, daß es schlechte Nachrichten gebe – »halten Sie sich fest«. Sie spricht über die aufkommenden Schwierigkeiten. Dann wechselt sie das Thema. Sie bringt gute Nachrichten, und alle entspannen sich in einem kollektiven Seufzer der Erleichterung, die Körper sinken in sich zusammen, man hört ihre Botschaft auf andere Weise an. Ein paar Augenblicke später, wenn die Emotionen im Raum ihre Pause hatten, wird sie die Spannung vielleicht wieder aufbauen. Ein paarmal noch kann sie sie auf- und abschwellen lassen. Sie gebraucht sie feinsinnig, aber der Effekt ist dramatisch.

In Shakespeares Stück »Julius Cäsar« hält Marc Anton beim Begräbnis Cäsars eine Rede, die auf kunstvolle Weise die Spannung benutzt, um die Gefühle der Menge zu schüren und sie zu einer Rebellion gegen die Mörder Cäsars aufzustacheln. Marc Anton erzählt den Menschen, daß er sie nicht aufrühren wolle – daraufhin entspannen sie sich und hören deshalb die Dinge besser, die er sagt, um sie aufzuhetzen. Er behauptet von sich, ein einfacher und ungehobelter Mann zu sein, doch das tut er nur, damit sie die Kunstfertigkeit – oder Künstlichkeit – seiner Rede nicht bemerken. Sich selbst zu widersprechen kann ein wertvolles Mittel sein, um Spannung entstehen zu lassen. »Widerspreche ich mir selbst? Das ist gut, wenn ich mir dabei selbst widerspreche«, schrieb Walt Whitman. Marc Anton beruhigt, um aufzuregen; er macht sich klein, um sich größer zu machen. Magda tat dasselbe: Sie ließ ihre Tür offenstehen, nicht um zu kämpfen, sondern um zu demonstrieren, daß es keinen Sinn hatte zu kämpfen. Gemeinsam mit den Bewohnern von Le Chambon untergrub sie die Macht der Nazis. Sie waren sich der Gefahr bewußt, aber weigerten sich, ihre Leben und ihre Überzeugungen zu kompromittieren.

Der Gebrauch von Spannung entwaffnet die Gegner und – was noch wichtiger ist – bringt sie dazu, auf Sie zu reagieren. Verwenden Sie Widersprüche. Suchen Sie das ausschlaggebende Teilstück oder Gesetz in jeder Situation, und verhalten Sie sich, als ob es nicht in Stein gehauen, sondern in Sand geschrieben wäre. Wenn eine Fürstin akzeptiert, daß sie selbst eine Kombination von gegensätzlichen Charakteren ist – Grausamkeit und Sanftmut, Offenheit und Bestimmtheit – und nicht nur um Kontinuität kämpft, dann wird es ihr leichter fallen, die widersprüchlichen Spannungen in einem Streit zu beherrschen.

Cordelia sagt ihrem Vater König Lear, daß sie ihn liebt, und zwar nicht auf die Art, wie die Blumen die Sonne anbeten, sondern »wie ich dazu verpflichtet bin«. Lear, der alte Sentimentalist und Meister der Kontrolle, hätte gern weniger trockene Worte von seiner geliebten jüngsten Tochter gehört. Sie erwartet nichts von ihrem Vater – kein Geld, keine Sicherheit. Aber tatsächlich bittet sie um mehr, als er ihr zu geben vermag, nämlich, daß er sie versteht. Cordelias Worte klingen vielleicht kalt, aber ihre Liebe ist tief und ehrlich. Sie schraubt die Erwartungen ihres Vater hoch, indem sie sagt, daß niemand ihn mehr lieben könne. Dann enttäuscht sie diese Erwartungen mit ihrer Rede über ihre Verpflichtungen und ihre Schuld als Tochter ihm gegenüber. So versucht sie, Lear dazu zu bringen, daß er sie auf ihre Weise versteht. Ihre Schwestern Regan und Goneril hingegen erzählen ihm genau, was er hören will, und loben ihn in den Himmel, um das größte Erbe zu erlangen.

Cordelia mißachtet ebenso wie Magda die Gesetze des allgemeinen Zusammenlebens. Ihre Art, die Spannung zu benutzen, macht den alten König unsicher. Er wendet sich der Fürsorge seiner scheinbar liebenden älteren Töchter zu und verbannt Cordelia wegen ihrer Unverschämtheit. Aber ihre Worte kämpfen für sie. Obwohl sie die Bühne verläßt, bestimmt ihre Gegenwart die Handlung. Die Spannung hat Cordelia zu einer Figur von ungeheurer mythischer Macht werden lassen.

In Shakespeares großer Tragödie spricht Cordelia nur einundneunzig Zeilen, aber ihr Einfluß ist immer gegenwärtig. Dies ist das Kennzeichen einer Fürstin, die ihre wahre Stärke entdeckt hat. *Wenn Ihre Abwesenheit dieselbe Stärke bedeutet wie Ihre Gegenwart, dann ist das Macht.* Schließlich erkennt Lear die Wahrheit, nämlich daß Cordelia ehrlich und die anderen Töchter verlogen sind.

Spannung ist der Hebel, den Sie benutzen müssen. Sie wird Ihren Feind angreifen, entwaffnen und außer

Gefecht setzen. Die Spannung wird Ihnen die Schärfe verleihen, seine Verteidigungslinien zu durchdringen. Dadurch berühren Sie die mythische Bewußtheit des anderen. Spannung ist so wirkungsvoll, weil sie mit dem Rhythmus des Herzschlags vergleichbar ist, mit dem ursprünglichen Rhythmus, dem »eins-zwei«, »gespannt-entspannt«, »hart-sanft«, der jeden in den Bann schlägt. In einer schwierigen Situation erlaubt Ihnen der kluge Gebrauch der Spannung, mit dem Herzschlag, dem Leben, dem Atem einer Menge zu spielen. Wenn Sie die Spannung gebrauchen, gelangen Sie in das Herz der anderen, dorthin, wo ihre Verteidigung am schwächsten ist.

Spannung kommt in vielen Formen vor. Es geht dabei nicht nur um Ihre Worte, sondern auch um den richtigen Zeitpunkt, sie auszusprechen. Wenn Sie mit einem Gegner kämpfen, der Sie angreift, laut und grob redet und Befehle bellt, dann entwaffnen Sie ihn, indem Sie langsam und sanft sprechen. Er wird sich fast hypnotisch an Ihren Rhythmus anpassen, wird nicht nur mit seiner Stimme, sondern auch in seinen Forderungen nachlassen. Wenn hingegen der andere Sie bei einem Vorgang, mit dem Sie es eilig haben, umgarnen will, dann wird Fahrt in ihn kommen, wenn Sie schneller reden. Spannung findet ihren Ausdruck auch in anderen Waffen, und zwar in den Symbolen von Stärke, Kleidung und Sex. Darüber werden Sie mehr im »Buch der feinsinnigen Waffen« (S. 141) erfahren.

Scheherazade spielte auch mit Spannungen. Sie hatte eine Strategie entworfen, wie sie die jungen Mädchen des Königreiches retten könnte, die in großer Zahl starben. Jeden Abend wurde eine neue Jungfrau in die

Gemächer des Sultans gebracht, um dort die Nacht mit ihm zu verbringen, und bei Tagesanbruch wurde sie getötet, damit sie nicht davonging und ihn betrog. Die Strategie der Scheherazade, dieses Morden zu stoppen, war ungeheuerlich. Sie bot sich freiwillig als das nächste Opfer des Sultans an. Nachdem sie mit ihm geschlafen hatte, begann sie, eine Geschichte zu erzählen, die er anhörte und die ihn aufs neue erregte. Ihre Geschichte verlief auf einem schmalen Grat zwischen Konflikt und Lösung. Sie erzählte weiter, bis der Sultan einschlief. Am nächsten Morgen brachte er es nicht fertig, sie köpfen zu lassen – er mußte einfach den Rest ihrer Geschichte hören. Märchen und Liebesspiele – Spannung und Entspannung – retteten das Leben der Scheherazade, und nach 1001 Nacht gewann sie die Liebe und das Vertrauen des Sultans.

X
Vier Arten der strategischen Spannung

Vergessen Sie nicht, daß Konfrontation eine Form der Beziehung ist. Und zwar eine der wenigen Beziehungen, in denen Macht ausgedrückt und nicht versteckt wird. Um eine Konfrontation einzugehen, in der Sie die Oberhand gewinnen, müssen Sie die Arten der Spannung – nennen wir sie Energien – erkennen können, die schon vorhanden sind.

Jegliche Spannung strategischer Art ist von vier Prinzipien bestimmt. Sie

- intensiviert Gefühle,
- regt andere zu größeren Taten oder höheren Zielen an,
- setzt vorherrschende Meinungen außer Kraft und macht Mut, diese zu verweigern,
- hilft, Geschehnisse abzublocken oder zu verlangsamen.

Jedes dieser vier Prinzipien faßt das Geschehen auf eine Weise zusammen, daß Sie Einfluß darauf nehmen können. Schauen wir sie uns ein wenig genauer an:

Um Gefühle zu *intensivieren*, müssen Sie alles tief in

sich einsinken lassen. Schützen Sie sich nicht vor dem Elend, das Sie um sich sehen oder in sich fühlen. Oder vor Ihren Sehnsüchten. Provozieren Sie sie vielmehr in anderen, in Sympathisanten wie in Gegnern. Sie müssen die Wichtigkeit, die Erregung und die Berechtigung Ihrer Mission spüren. Denn wenn Sie das nicht empfinden, wird es niemand tun. Magda tat dies, indem sie der Macht der Nazis trotzte. Sie schützte sich nicht vor den Ängsten der Verfolgten – sie teilte sie. Cordelia tat dies, indem sie überzeugend mit dem Wunsch Lears, geliebt zu werden, spielte, denn sie teilte diesen Wunsch. Die gundsätzlichen Taktiken, wie man das tut, sind in dem Kapitel »Die achtzehn Taktiken der großen kriegerischen Fürstinnen« (S. 112) beschrieben. Hier sind vor allem die Taktiken eins, zwei und drei über die frühen Stadien eines Konfliktes von Bedeutung, wo es darum geht, die eigene Kraft und die Bereitschaft zu kämpfen zu fördern. Später, in der Hitze der Schlacht, bringen die Taktiken fünfzehn, sechzehn und siebzehn Sie an den Punkt, wo Sie – Ihre Gefühle (aber nicht Ihr Ego) – das Geschehen bestimmen.

Um andere *anzuregen* müssen Sie das größtmögliche Ziel aussuchen, für das sich zu kämpfen lohnt. Die anderen werden mit Ihnen kämpfen wollen, wenn ihnen das Ziel etwas bedeutet. Wenn Sie einen Krieg zu klein halten, dann haben Sie ihn allein auszufechten, niemand wird an Ihrer Seite kämpfen. Als Rosa Parks sich weigerte, ihren Platz im Bus der Weißen zu verlassen, handelte sie nicht nur im Interesse ihrer persönlichen Rechte. Ihr Kampf war das Symbol für einen größeren Krieg um Freiheit und Bürgerrechte. Die Gedichte von Anna Achmatova, mit denen sie der Unterdrückung durch Stalin trotzte, konzentrierten sich darauf, wie die Sieger sein würden, die aus diesem Kampf hervorgingen. Es ging ihr nicht darum zu zeigen, wer gewinnen würde, oder ob sie selbst etwas zu essen und ein warmes Zimmer haben würde, sondern ob die Sieger anständige und wertvolle Menschen und moralisch und seelisch besser sein würden als die tyrannischen Verlierer. Es ging ihr nicht nur um den Sieg, ihr Ziel lag höher. Siehe auch die Taktiken vier, fünf und sechs.

Um eine vorherrschende Macht *außer Kraft zu setzen*, dürfen Sie nicht darauf reagieren. Wer die Insignien der Herrschaft innehat, besitzt nicht auch zwangsläufig die Macht. Verhalten Sie sich so, als wüßten Sie, daß diese Herrschaft, trotz aller Angst, die sie in anderen auslöst, keine Gewalt über Sie hat. Ein Chef kontrolliert lediglich Ihren derzeitigen Job, er hat keine Macht über Sie. Dies ist von entscheidender Bedeutung, denn wenn er sich seltsam verhält, wissen Sie, daß Sie sich ihm widersetzen können. Gandhi gewann seinen Krieg zur Befreiung von der tyrannischen Herrschaft der britischen Armee, indem er die Kräfte der Armee untergrub. Wie er das tat, wird in den Taktiken sieben, acht, neun und zehn beschrieben.

Abblocken heißt, daß Sie durch Ihre Handlungen versuchen, die herrschende Kraft von ihren Zielen abzubringen. Es gibt viele verschiedene Wege, um einen Gegner aufzuhalten und sich selbst die Gelegenheit zu verschaffen, seine eigenen Ziele zu befördern. Fragen Sie viel. Sprechen Sie langsam. Betrachten Sie sich selbst als eine Verteidigungslinie, die der Gegner überwinden muß, um sein Ziel zu erreichen. So erhalten Sie die Chance, Verantwortung zu übernehmen. Im Theater

»blockt« der Regisseur die Bewegungen der Schauspieler ab, indem er genau bestimmt, wo sie stehen, sitzen und auf- und abtreten sollen. Das tut er aus strategischen Gründen, denn er weiß, daß Gestik und Bewegung ebenso wichtig sind wie Sprache. Frauen, die meinen, daß das bloße Diskutieren eines Problems zu seiner Lösung beitragen wird, täuschen sich. Sprache kann in jeder Lautstärke zu »still« wirken. Bewegung ist eine Sprache. Oft löst sie Emotionen aus, nicht umgekehrt. Die Fürstin bestimmt mit Hilfe ihrer scharfsinnigen Taktiken die Handlungen eines anderen. Sie weiß, daß sie durch die Art, in der sie dasteht, ob nah oder distanziert, oder durch die Geschwindigkeit, in der sie sich bewegt, die Gefühle und das Verhalten ihres Gegners bestimmt. Die Menschen gleichen sich an den Rhythmus des anderen an, kaum jemand kann sich dem entziehen. Ebenso wichtig wie die Wahl Ihrer Worte in einem Streit ist deshalb, daß Sie die physischen Vorgänge beeinflussen. Die Taktiken, die sich mit dem Abblocken befassen, sind Nummer zwölf, dreizehn und vierzehn.

Diese vier Prinzipien der Spannung beruhen auf der Methode des Widerstands. Nicht Trotz, nicht Ausflucht, nicht Charme, sondern Wider-Stehen. Denn das ist es, was Widerstand buchstäblich meint: *stehen* – oder den eigenen Boden verteidigen – *wider* den Gegner, die Person oder die Ansicht, die Sie gefangen hält. Widerstand ist das Gegenteil von Kompromiß, Verhandeln oder Erziehen. *Das bedeutet, daß man nicht den Krieg des Gegners führt oder irgendeinen klassischen Konflikt, bei dem zwei Seiten aufeinanderprallen. Es heißt, den Gegner dazu zu verleiten, auf Ihrem Boden zu kämpfen und Ihre Schlacht zu schlagen, in der Sie den Ton angeben.*

Widerstand funktioniert so:

Sie sind in einem Kampf mit einem Angreifer oder einem Gegner gefangen, der stärker ist als Sie. Das Einfachste ist es nun, zurückzuschlagen. Der schwerere Weg ist es, die Bemühungen einzustellen. Das ist deswegen schwerer, weil Kampf oder Flucht die natürliche Reaktion auf die meisten Angriffe sind. Aber wenn Sie in dem Moment, wo ein Angreifer Sie bei den Schultern packt, aufhören, sich anzustrengen, ist es gut möglich, daß er Ihnen wehrlos in den Schoß fällt. Wenn Sie sich nicht mehr abmühen, heißt das nicht, daß Sie aufhören zu kämpfen. Es heißt, daß Sie kämpfen, indem Sie Widerstand leisten.

Widerstand in einer Schlacht hat viel mit Widerstandskräften im menschlichen Körper zu tun. Ein gesunder Organismus bekämpft einen angreifenden Virus, indem er Antikörper produziert. Der Körper verwandelt den Angreifer in eine Quelle neuer Stärke, nicht Schwäche. Die Antikörper machen den Angreifer wirkungslos, so wie Magda die Nazis wirkungslos machte. Wind, der durch ein Rohr fährt, klingt dumpf, es sei denn, das Rohr enthält Widerstände – wie die Flöte –, die aus der Luft Musik machen.

Die vier Prinzipien der Spannung verwandeln Ihren furchtlosen und bestimmten Atem in Noten. Eine Fürstin bemühte sich einmal sehr, die Aufmerksamkeit eines Kunden zu gewinnen, den sie unbedingt beeindrucken wollte. Wie würde er sie bemerken? Was könnte sie sagen?

Ohne daß sie es bemerkte, machte sie ihn zu ihrem Feind, indem sie seine Bedeutung übertrieb. Wochenlang versuchte sie, einen Brief zu formulieren, in dem sie sich selbst und ihre Leistungen vorstellte. Jeder Versuch schien ihr noch weniger passend als der vorangegangene. Mit jedem Scheitern wurde er vor ihren Augen größer und größer – noch schwerer zu gewinnen, noch großartiger. Und sie wurde immer kleiner und hoffnungsloser.

Ich riet ihr, Widerstand zu leisten: »Kämpfe nicht gegen dich selbst. Benutze die Angst, die du empfindest, als Grund, dich ihm zu nähern. Sei ehrlich. Sag ihm, daß dieser Brief die letzte Seite in einem ganzen Buch von Briefen ist, die du ihm in den vergangenen Monaten geschrieben hast. Daß dir keiner gut genug erschien, um abgeschickt zu werden. Dieser Ehrgeiz, den du seiner Karriere entgegenbringst, würde hervorragend zu seinen Ambitionen passen. Das ist der Grund, warum du hoffst, daß er sich einmal mit dir trifft, um mehr von dir zu hören.«

Wenn die Fürstin selbst der Feind ist, dann kann sie gegen ihre eigenen Ängste Widerstand leisten. In diesem Fall veränderte die Fürstin den Charakter des Krieges, den sie mit sich selbst führte. Sie fiel sozusagen in ihren eigenen Schoß.

Diese Frau nutzte *Intensivierung* (sie steigerte ihre Angst) und *Anreiz* (sie machte ihren potentiellen Kunden zu einem Kollaborateur und Verbündeten, indem sie ihm sagte, daß sein Standard ihren Hang zur Perfektion beflügelte); sie setzte seine überwältigende Autorität *außer Kraft* (indem sie den Brief abschickte, holte sie ihn von seinem hohen Podest und machte aus ihm einen Menschen, dem man sich nähern konnte), und sie *blockte ab* (sie machte sich selbst zu seinem Gegenstück und zu seinem Ebenbild oder sogar besser als das, indem sie sich ihm unerwartete näherte, obwohl er sie nicht kannte und noch nicht mit ihr gearbeitet hatte).

Ihre neugewonnene Fähigkeit des Widerstands leistete ihr auch in der Liebe gute Dienste. Was wir in unserem Job tun, das wenden wir auch in der Liebe an. Obwohl man versucht, uns das Gegenteil einzureden, sind wir doch in beiden Bereichen dieselbe Person, so daß auch die Strategie des Widerstandes ebenso wirksam ist. Nachdem sie einmal eingesehen hatte, daß sie nicht gegen ihre Schwäche kämpfen mußte – in diesem Fall ihr einziger Feind –, wurde sie mutig und abenteuerlustig. Sie bemerkte, wie sie zur tonangebenden Kraft in ihrer neuen Ehe wurde. Der Geist des Widerstandes breitete sich auf allen Schauplätzen ihres Lebens aus.

XI
Das Paradoxon von der Magersucht der Macht

Zwischen vielen Frauen und ihrer Fähigkeit, zu bekommen, was sie wollen, steht ihr Hang zur Selbstverneinung. Jede von uns hat diese Selbstverneinung schon in ihrem Verhalten gegenüber Essen und Appetit manifestiert gesehen, wo sie manchmal die extreme Form der Magersucht annimmt. Aber Magersucht ist nur das Symptom für einen tieferen Aspekt der Selbstverneinung: die Sehnsucht nach Machtlosigkeit. Das ist die Magersucht der Macht.

Eine Magersüchtige der Macht erkennt man an eindeutigen Zeichen. Sie ist von emotionaler Zartheit. Sie stimmt schnell zu und ist kaum imstande, nein zu sagen, auch wenn die Atmosphäre für sie günstig ist. Sie wischt Komplimente beiseite. Sie sagt: »Nein danke, ich mache das schon selbst«, wenn andere ihr helfen wollen. Sie beobachtet die Machtmenschen und sucht ihre Anerkennung. Ihr Schrank ist voller Kleider in Schwarz und Beige, den Farben der Trauer und der Tarnung. Ihre Sprache verrät Abhängigkeit. Ständig führt sie Wörter wie »sehr« und »wirklich« im Munde. Sie sagt: »Das ist wirklich sehr, sehr gut«, als ob ihre Meinung so wenig zählen würde, daß sie sie überbetonen muß.

Ihren Aussagen nimmt sie die Kraft, indem sie sie mit exaltierten Ausrufen versieht oder sich überhaupt nicht traut, das Wort zu ergreifen, auch wenn ihre Idee ein Problem lösen könnte. Sie holt sich die Niederlage aus den Klauen des Sieges. Sie hat solche Angst zu verlieren, daß sie gar nicht erst versucht zu gewinnen. Sie analysiert ihre Niederlagen nicht als mögliches Scheitern ihrer Strategie, sondern ignoriert sie. Und das Schlimmste ist: Sie ist härter gegen sich selbst, als es je ein Feind sein könnte. Mit jedem Anfall von Magersucht der Macht wird sie dünner und in ihren Augen und denen der anderen immer inkonsequenter. Sie hat kein Gewicht, keine Substanz, keine Präsenz.

Fürstinnen müssen essen, um ihren Charakter groß und stark werden zu lassen.

Eine Fürstin sagt nicht nein zu sich selbst. Sie zieht sich nicht in den Schatten zurück, wenn sie sich selbst groß machen und Aufmerksamkeit erregen kann. Jeanne d'Arc trug in der Schlacht Weiß, um groß und auffällig zu erscheinen. Ein Feind, der sieht, daß man Sie nicht einschüchtern kann, wird nicht versuchen, Ihnen zu nahe zu kommen.

Selbstverneinung, dünn zu sein wie ein Bleistift, eine untergeordnete Position – alles dies erfordert keine Macht.

Eine Freundin erzählte mir von einem Traum, den sie kürzlich von Jackie Onassis hatte. Jackie wandte sich meiner Freundin mit einem großen begrüßenden Lächeln zu. Meine Freundin war schockiert – in den Jahren seit ihrem Tod war Jackie mollig geworden. Nun, da sie plötzlich zurückgekehrt war, ergriff sie den Arm meiner Freundin, und sie spazierten wie ein altes Ehepaar den

Broadway hinauf. Ein Händler mit Glasartikeln sah sie und eilte herbei, um Jackie Proben seiner Arbeit zu überreichen. Sie nahm seine Geschenke an. Er bot ihr seine Ski an, und sie nahm auch diese – meine Freundin begriff nicht, warum. Warum sagte sie nicht nein? Jackies Arme waren nun voll. »Lassen Sie mich diese Dinge wegbringen«, sagte sie und verschwand in einem Wolkenkratzer in Manhattan. Meine Freundin wartete stundenlang in der Lobby, aber Jackie kam nicht zurück. Als sie aufwachte, war sie nicht so sehr darüber entsetzt, daß Jackie sie hatte sitzenlassen, sondern daß ihr Idol im Himmel der Göttin fett geworden war.

Wie konnte sie nur, eine Frau, die sich im Leben so sehr ihrer selbst bewußt war, die ihre Mahlzeiten in die allerkleinsten Stückchen zerschnitt, damit kein Fotograf sie mit einem Mund voll Essen erwischen konnte, wie konnte sie sich nur so gehenlassen? Das war der erste Gedanke meiner Freundin. Ihr zweiter war Erleichterung: Jackie verweigerte sich selbst nichts mehr. Aber das war nur die halbe Wahrheit. Tatsächlich hat sich Jackie in ihrem Leben nur wenig verweigert. Sie hat immer genau das getan, was sie wollte. Sie beanspruchte die Bühne der Welt ebenso selbstbewußt wie ihr Ehemann, der Präsident. Sie heiratete Aristoteles Onassis ungeachtet des öffentlichen Aufschreis. Sie übernahm einen Job im Verlagswesen, weil sie die intellektuelle Anregung liebte. Welche ehemalige First Lady hat schon je einen Gehaltsscheck angenommen, ist zu Fuß zur Arbeit gegangen und hat in der Kantine des Betriebes gegessen? Dante erkannte, daß der Tod die Illusionen verbrennt und daß eine Person schließlich so erscheint, wie sie wirklich war. Meine Freundin begriff, daß Jackie schon immer »mollig« gewesen war, wenn sie das vorher auch nie bemerkt hatte. Die lebendige Jackie arbeitete nicht daran, so dünn wie ein Bleistift zu sein – ihr aktives Leben machte sie drahtig. Sie war nicht bemüht, Erfahrungen in sicherem Abstand zu halten. Sie konnte die Geschenke von Fremden annehmen, auch Dinge, die sie nicht brauchte, und erlaubte sich selbst das Gefühl, beschenkt worden zu sein. Das war die Botschaft, die der Traum meiner Freundin für sie bereithielt: Wer seinen Hunger verneint, der verneint sich selbst und seine Stärke.

Essen bedeutet nehmen, die eigenen Bedürfnisse und Abhängigkeiten öffentlich machen. Essen bedeutet lernen, selbstbestimmt zu sein. Es wird noch mehr Kraft freigesetzt, wenn Selbstvertrauen und Selbstgenügsamkeit Sie verlassen und Sie erkennen, daß Sie etwas brauchen und wollen und nehmen können. Und was Sie nehmen – Ihre Beute – ist aus demselben Holz wie Sie. Nichts ist fremd. Sie haben nichts davon »verdient« – *die Dinge, die Sie wollen, sind die Dinge, die Sie brauchen*. Was immer Sie annehmen können, kann zu einem Teil Ihres Charakters werden und ihn mästen.

Die Fürstin hat eine andere Beziehung zur Welt als die meisten Frauen. Sie empfindet sich selbst als Jägerin. Sie spürt, daß die Welt dazu da ist, sie zu ernähren. Sie weiß, daß sie nehmen darf und daß sie das Recht hat, an ihren Wünschen groß zu werden.

Sie weiß, daß sie Verantwortung übernimmt, indem sie sich selbst ernährt. Wenn sie etwas nimmt, dann weiß sie sicher, daß sie das will, was sie haben kann, daß sie alles essen kann und nichts davon verschwenden wird. Ein Job, eine Liebe, ein Kompliment – nehmen Sie diese

Dinge tief in Ihren innersten Kern auf, als ob sie durch das göttliche Recht, lebendig zu sein, Ihnen gehörten.

Das Leben wird Sie mit allem versorgen, so, wie es für den Jäger sorgt. Sie werden nie verzweifelt sein müssen, wenn Sie in Ihrem Innersten wissen, daß es immer eine Mahlzeit für Sie geben wird. Vertrauen Sie darauf, daß die Zukunft Sie nähren wird.

Vergessen Sie nicht, daß es in der Welt kein Nehmen ohne Geben gibt. Essen Sie, um zu geben. Mutter Meera, eine indische Mystikerin, ist gierig, und zwar so: Während ihrer abendlichen Darshans oder Heilungssitzungen verneigen sich Besucher vor der sitzenden »Ma«, um ihren Kopf von ihr umfangen zu lassen. Sie setzt ihre Finger auf beide Seiten des Kopfes des Besuchers. Der Besucher fühlt, wie die Wärme aus Mas Fingern in seinen Kopf fließt. Ma schließt ihre Augen und meditiert. Wer sie beobachtet, sieht, daß sie ständig schluckt. Sie ißt das Böse im anderen und in der Welt. Eine machtvolle Frau ißt das Böse wie das Gute und schützt sich vor keinem von beiden. Sie ist offen und unbewaffnet, wenngleich das ein befremdlicher Zustand für einen Krieger ist. Sie tut das nicht, um stark zu sein, *sondern weil sie stark ist*; das Essen erinnert sie an diese Tatsache.

Verweigern Sie nichts.

Die größte Tyrannei der Männer über die Frauen hat historisch gesehen ihren Ursprung in den Körpern: die Herrschaft über die Rechte der Vermehrung, die Tyrannei der Schlankheit und Mode und der Objektivierung. Wir werden niemals stark werden, wenn wir nicht essen, wenn wir unseren Körpern nicht ein wenig Freiheit gönnen, wenn wir anderen erlauben, uns zum Objekt zu machen, oder wenn wir uns weiterhin gegenseitig zum Objekt machen. Es herrscht Krieg. Die folgenden Taktiken und Waffen sind für den Kampf unabdingbar.

Das Buch der Taktik

Erst ignorieren sie dich, dann machen sie sich über dich lustig, dann kämpfen sie gegen dich, und dann siegst du.

Gandhi

I
Übertreffen ist besser als Siegen

Die meisten Frauen können nicht siegen. Nicht, weil eine Frau nicht strategisch kämpfen könnte. Sondern weil niemand will, daß sie gewinnt, und sie selbst meist am wenigsten. Sowohl sie als auch ihre Gegner sorgen dafür, daß sie scheitert. Sie selbst würde von Schuldgefühlen heimgesucht werden, wenn sie gewinnen würde, weil sie schuld ist, daß ein anderer verloren hat. Männer hassen es, gegen eine Frau zu verlieren – das kann einen Gegenangriff erzeugen. Und für eine andere Frau ist eine triumphierende Frau eine lebenslange Bedrohung.

Um zu bekommen, was Sie wollen, müssen Sie siegen. Aber weil das so abschreckend ist, ist die beste Art des Sieges die, die anderen *zu übertreffen*.

Machiavellis Fürst konnte sich seines Triumphes sicher sein, wenn er seine Gegner zerstörte. Sun Tzu spielte mit seinem Feind und demütigte ihn durch seine Raffinesse. Aber die Fürstin kann den Gegner nicht kurz und klein schlagen. Sie muß ihn zu einem unwissenden Verbündeten machen. Dies bedeutet, ihn weder zu verletzen noch sein Vertrauen zu untergraben. Die Taktik des Übertreffens läßt den Gegner – den Verlierer – unverletzt und angeregt zurück. Daraus wird ein Sieg, bei dem Sie in großem Stil einen Widersacher überwinden. Es geht darum zu siegen, indem man der Beste ist, so wie bei den Olympischen Spielen, wo das beste Ergebnis eines Athleten – Ihre Siegerzeit – den Verlierern nicht die Würde nimmt. Der Sieger stellt vielmehr einen deutlichen und inspirierenden neuen Rekord auf, legt ein neues Leistungsniveau fest, das jeden motiviert.

Für die Fürstin, die immer aus dem Hinterhalt Krieg führt, ist Übertreffen die einzige Art zu siegen, denn es bedeutet, daß man mit schlechten Karten siegt. Jeder kann mit guten Karten den Gewinn davontragen, nur die Fürstin ist imstande, mit weniger zu siegen.

Inanna, eine sumerische Prinzessin, war eine Fürstin, die das Übertreffen perfektionierte. Wenn sie heute lebte, wäre sie eine Unternehmerin, die am Geschehen teilhaben will, eine Liebhaberin, die verstanden werden will, eine junge Frau, die einem Vater gegenübersitzt, der ihr eine bestimmte Strafe auferlegt, weil sie sich seiner Anordnung, ihren Eltern zu gehorchen und diese nicht in Frage zu stellen, widersetzt hat. Die Fürstin weiß, daß sie alle Frauen der Mythen verkörpert; von Zeit zu Zeit durchlebt sie ihre Konflikte in ihrem eigenen Leben. Inannas Geschichte wird zu der Ihren werden, wenn Sie versuchen, sich etwas von der Macht oder dem Vergnügen oder der Unterstützung zu nehmen, die jemand anders hortet. Inanna gelang es, die Herrschaft schlechthin zu übertreffen – den König, ihren Vater.

Inannas Geschichte beginnt wie die Buddhas. Sie verläßt das Schloß ihres Vaters, um in die Welt zu reisen. Draußen ist sie entsetzt über das, was sie sieht: Die Menschen leben in Armut, Elend und Leid. Sie erkennt, daß die Welt leidet, weil ihr Vater die Schönheiten der Welt

– das heilige *me*, die Kraft der Dichtkunst, der Feier, des Glücks und der Schönheit – gehortet hat. Solange sie in dem Schloß ihres Vaters lebte, genoß sie dies alles. Draußen gibt es nichts, wofür es sich zu leben lohnt. In diesem Moment ist Inanna wie jede Frau, die entscheidet, daß sie mehr möchte als das, was ihr vom Schicksal gegeben zu sein scheint. Wie jede Heldin muß sie handeln, um ihr Schicksal zu ändern; sie erkennt, daß sie das Selbstvertrauen entwickeln muß, das mit jeder mutigen Erweckung einhergeht.

Mit allem anderen würde sie scheitern: Sie kann nicht mit ihrem Vater verhandeln, um das *me* zu befreien; sie hat nichts von vergleichbarem Wert, das sie ihm geben könnte. Sie kann nicht einfach um diese Kräfte bitten; er würde sie auslachen. Sie kann nicht mit ihm um die Herrschaft über das *me* im klassischen Sinne kämpfen, denn sie hat keine Armeen zu ihrer Unterstützung. Sie tut das einzige, was sie tun kann: Inanna beschließt, ihren Vater zu übertreffen.

Sie arrangiert ein gemeinsames Essen mit ihm und bedient ihn selbst. Sie reicht ihm die Speisen und achtet darauf, daß sein Glas immer mit Wein gefüllt ist. Wenn er trinkt, leert sie ihr Glas auf den Boden. Sie bezaubert ihn mit ihrer Klugheit, seine eigene Tochter, ihre Aufmerksamkeiten erfreuen ihn. Sie überredet ihn zu einer Partie Schach. »Worum möchtest du spielen?« fragt er sie. »Spielen wir um das heilige *me*«, antwortet sie. Er ist von ihrer Schönheit beeindruckt und ist sicher, daß sie keine Chance gegen ihn hat. Er willigt in das Spiel ein. Sie schlägt ihn wieder und wieder. Er kann nicht gegen sie ankommen, der Wein und sein eigener blinder Glaube an sich selbst machen es ihm unmöglich.

Inanna ergreift das heilige *me*, springt in ein Boot und entläßt, auf der anderen Seite des Flusses angekommen, die heilige Kraft in die Welt. Ihr Vater kann sie nicht aufhalten. Als er sie erreicht, begreift er, daß sie, indem sie ihm seine teuren Besitztümer raubte, die Welt viel schöner gemacht hat, als sie war, und daß er nun nicht mehr eingesperrt in seinem Schloß leben muß.

Das nennt man Übertreffen. Durch ihre Klugheit hat Inanna sich selbst und den anderen in ihrer Umgebung den Sieg gebracht.

Gandhi übertraf auf ähnliche Weise die britischen Herrscher. Anstatt einen einfachen Sieg über sie zu erringen, benutzte er die Taktiken, die im folgenden Kapitel beschrieben werden, um dergestalt über sie zu triumphieren, daß sie nicht anders konnten, als von dem Kampf selbst beeindruckt zu sein und somit von seinem Sieg zu profitieren.

Aber die beste Geschichte vom Übertreffen ist die, die dem siegreichsten General der Geschichte mit zwölf Fürstinnen zustieß.

Die Legende sagt, daß Sun Tzu, als er für eine Reihe von großartigen Siegen gefeiert wurde, damit prahlte, daß es niemanden gäbe, aus dem er nicht einen hervorragenden Soldaten machen könne. »Niemanden?« fragte der Herrscher, »nicht einmal meine wunderschönen Konkubinen?« »Nicht einmal sie«, beharrte Sun Tzu. Also versammelte Sun Tzu am nächsten Morgen die zwölf Frauen im Hof des königlichen Schlosses und begann, ihnen die Grundregeln des Marschierens beizubringen. Er reihte sie auf und bellte seine Befehle. Die Konkubinen fanden es lächerlich, wie festgewurzelte Bäume nebeneinanderzustehen und einem Verrückten zu lauschen, der »Hab acht!« brüllte. Sie brachen in Kichern aus. Sie standen auf und gingen umher, wie sie wollten. Nachdem er einen Morgen lang nicht den kleinsten Erfolg erzielt hatte, erschien Sun Tzu vor dem Kaiser und gestand gedemütigt sein Scheitern ein. Er sagte, die Konkubinen seien zu dumm, um die Kunst der Kriegsführung zu erlernen. Er begriff niemals, daß es ihre Fähigkeit war, ihn zu übertreffen, die ihm seine erste und einzige Niederlage eingebracht hatte.

II
Wie man andere übertrifft

Alle großen Generäle wissen, daß man, während früher Schlachten mit Hilfe von überlegenen Waffen oder Streitkräften gewonnen wurden, moderne Siege durch Ideen erringt. Je gewagter die Idee, desto besser die Chancen zu gewinnen. Gandhi äußerte die ungeheuerliche Behauptung, daß er ohne Waffen oder Geld das Rückgrat des britischen Empires brechen könnte. Magda hegte den verrückten Glauben, daß sie mächtiger sei als ihre Unterdrücker. Und Dian Fosseys unglaubliche Vorstellung war es, daß sie die Wilderer, die die Gorillas in ihrem Camp töteten, glauben machen könnte, sie sei eine Göttin – das tat sie eines Nachts, als sie ihr Feuer zu einem Scheiterhaufen aufrichtete und anfing, Dollarnoten hineinzuwerfen. Die geldgierigen Wilderer meinten, daß dies nur eine höhere Macht sein könne, die sich so ihrem Gott näherte.

Solche Ideen – Strategien – waren Gegenstand des »Buches der Strategie«, in dem die Kriegerinnen alle mehr als eine Idee hatten; sie verfügten auch über hervorragende Taktiken, die ihnen halfen, ihre Ideen auszudrücken. So wie ein Künstler Formen und Farben kennt, muß eine Fürstin Taktiken kennen. Also öffnete

Magda die Türen zu ihrem Haus; Dian nährte die Flamme mit Dollarscheinen; Gandhi sagte zu den Briten, daß ihn nicht einmal eine Atombombe würde aufhalten können. Er sagte: »Ich werde nicht in den Untergrund gehen, ich werde keinen Schutzraum aufsuchen. Ich werde aufs freie Feld treten und dem Piloten zeigen, daß ich nicht den allerkleinsten bösen Gedanken gegen ihn hege. Ich weiß, daß der Pilot unsere Gesichter aus seiner großen Höhe nicht wird erkennen können. Aber die Sehnsucht in unseren Herzen, nämlich daß er nicht zu Schaden kommen möge, wird bis zu ihm hinaufreichen, und seine Augen werden geöffnet werden.« Das ist eine Taktik – eine Handlung, die darauf ausgerichtet ist, im Gegner eine gewünschte Reaktion hervorzurufen. Und es ist eine besondere Taktik – die des Übertreffens: Zeigen Sie Ihrem Gegner, daß Ihr Sieg auch der seine ist. Die Taktik der Fürstin muß ein neues Verhalten vorgeben, dem sich ihr Gegner dann anpaßt. Geht er erst einmal mit ihren Verhaltensweisen konform, dann wird er seine Ziele nur noch in einem Plan wiederfinden, nämlich in ihrem. Seine Augen werden, wie Gandhi sagte, »geöffnet werden«.

Nehmen Sie in Ihr Handeln auf, was Sie in Ihrem Feind sehen wollen. Hillary Clintons Strategien scheiterten, weil die Taktik, die sie anwendete, in ihren Gegnern nichts Besseres bewirkte. Hillary ist ein Vorbild für viele Frauen. Dennoch beging sie eine Reihe von Fehlern, die ihren Einfluß schmälerten. Ihre Fehler standen im Gegensatz zur Taktik des Übertreffens. Als First Lady von Arkansas lenkte sie zum Beispiel soviel kritische Aufmerksamkeit auf einen Senator, dessen Arbeit recht obskur gewesen war, daß es hieß, sie habe ihn

»gemacht«. Sie lehnte seine Ansichten ab, und sie mochte ihn persönlich nicht, also zog sie in Interviews über seine Fehler und Probleme her. Das Ergebnis war, daß er zu nationaler Aufmerksamkeit gelangte und ein noch gefährlicherer und bedrohlicherer Gegner für sie wurde. Seither achtet sie darauf, Feinden gegenüber Abstand zu halten.

Die Fürstin verhält sich genau entgegengesetzt. *Sie weiß, daß sie die Nähe zu ihrem Gegner braucht, um seine Stärken aufzubauen. Sie fürchtet die Stärken ihres Gegners nicht; sie nutzt sie.*

Einen weiteren taktischen Fehler beging Hillary Clinton, indem sie, um auf jeden Fall ihre Entwürfe zur Reform des Gesundheitswesens durchbringen zu können, zu viel allein unternahm. Sie glaubte, daß sie sich nur dann durchsetzen könne, wenn sie alles unter ihrer Kontrolle behielt. Schließlich mußte sie zurückgerufen werden, und das Team ihres Ehemannes wurde angewiesen, gegen sie zu arbeiten. Die Fürstin hingegen *macht einen Krieg zu dem ihren, jedoch nicht, indem sie andere ausschließt. Sie macht ihren Krieg auch zu dem der anderen.*

Hillary glaubte also, daß sie sich durchsetzen würde, wenn sie ihre Gegner an die Leine nähme. Aber es ist nicht der Stil einer Fürstin, andere einzusperren, denn das gibt ihnen nur die Zeit, ihre Meinung zu ändern. *Fürstinnen glauben daran, daß der Feind von heute der Verbündete von morgen ist.*

Die Berater im Weißen Haus sagen, daß Hillary sehr selbstbewußt ist und Themen, die schon einmal entschieden wurden, nicht noch einmal diskutieren will. Diese Sicherheit bezüglich ihres eigenen Urteils ist eine entscheidende Schwäche. Die Fürstin ist immer bereit, Strategien zu überdenken und andere Meinungen anzuhören.

Hillary kämpfte wie ein Fürst, und sie kämpfte, um zu erobern, nicht, um andere zu übertreffen. Den wirklichen Erfolg findet man woanders.

III
Die achtzehn Taktiken der großen kriegerischen Fürstinnen

Die Wahrheit von Worten und Ideen liegt in ihrer Umsetzung in Taten.

Taktiken sind »zielgerichtete Handlungen«. Die Strategie ist das *Warum*, und die Taktik ist das *Wie* im Plan der Fürstin. Die meisten Kriege werden, wie erwähnt, durch ungeheuerliche Ideen gewonnen. Aber Ideen werden in Taten zum Ausdruck gebracht, meist dann, wenn die Kämpfende am schwächsten ist. Eine Frau kann aktiv und beschäftigt sein und doch nichts oder nur wenig über reines Handeln wissen – über die bestimmte, beabsichtigte Art, sich zu verhalten, die ihren Plänen dienen und nicht nur eine Aufgabe erfüllen soll.

Gandhi pflegte zu sagen, daß Gott sich nicht in Personen zeigt, sondern in Taten. Das trifft auf die Fürstin ebenso zu wie auf Gott. Niemand, und vor allem kein Feind, kann mehr von Ihnen kennen als Ihre kreativsten Handlungen. Er wird Ihre Ideen nicht kennen, und er wird nicht von dem gewonnen werden, was Sie denken, wenn Sie es weder in Worte noch in Taten zu übersetzen vermögen. Sie müssen es enthüllen.

Frauen haben schon so viel vom Scheitern verinnerlicht, daß sie oft in psychische Krisen geraten und sich fürchten zu handeln. Die Kraft in den folgenden Taten oder Taktiken – es sind alles Taktiken, um andere zu übertreffen – beruht auf den Kräften, die Sie bereits besitzen. Die Taktiken verfolgen keine großen, bahnbrechenden Aktionen, wie den Einsatz von Armeen oder das Legen von Fallen. Sie beschreiben präzise Manöver.

Es braucht dabei keine große Anstrengung, das gewünschte Ergebnis zu erzielen. Bei den Taktiken geht es auch um mehr, als um einfache Schritte. Schritte können formelhaft, vorhersagbar und routinemäßig ausgeführt sein. Jeder kann den Schritten eines Rezeptes folgen und ein Essen zubereiten. Etwas Einzigartiges zu schaffen erfordert hingegen einen völlig anderen Plan, der die Hingabe einer braven Pionierin, die Kraft der Erneuerung einer freien Denkerin und den Zukunftsblick einer Visionärin miteinander verbindet.

Stellen Sie sich diese Taktiken wie ein Ritual vor. Anders als Schritte beherrschen Rituale das Geschehen nicht; sie bringen es nur dazu, eine bestimmte Richtung einzuschlagen. Ritual bedeutet buchstäblich »gehen, laufen, fließen lassen«. Machen Sie sich mit den Ritualen auf den folgenden Seiten vertraut. Benutzen Sie das, was immer Sie über den über das Leben hinausweisenden Charakter der Fürstin wissen, über die Art des Sehens, die man Spionieren nennt, über die Prinzipien der Spannung, über die Natur des Widerstandes. Was Sie als Ideen kennengelernt haben, werden Sie nun in Taten ausdrücken können.

Die achtzehn Rituale des Handelns, die ich beschreiben werde, machen die Fürstin zu einer Realistin, nicht zu einer Aktivistin. Es ist ihr wichtig, ihre Meinungen *in*

Taten zu verwirklichen. Sie macht sich in allen Bereichen ihres Lebens ehrlich und wirklich. Das achtzehnte Ritual, das herausforderndste von allen, ist im folgenden Kapitel beschrieben.

Wenn Sie diesen Ritualen folgen, wird kein Mensch und kein Herrscher auf Sie herabschauen. Sie werden Ihnen ins Auge sehen.

EINS
Denken Sie durch den Körper

Sehen Sie sich selbst eher als menschliches Schild denn als Schwert. Ihr Geist wird arbeiten, um die Wut, Feindseligkeit und böse Absicht des Gegners abzulenken. Denken Sie, in Elaine Scarrys Worten, *durch* den Körper.

Golda Meir wurde die »eiserne Hand« genannt. Margaret Thatcher wurde als »eiserne Lady« bezeichnet. Sie wichen nicht zurück. Sie standen fest. Festigkeit beginnt damit, wie Sie sich selbst sehen. Als der Körper, der Widerstand leistet, sind Sie eine passive Waffe. Die Dichterin Judy Grahn grüßt die erste weibliche Kriegerin, Königin Boadicea:

Ich bin die Mauer, an die das Wasser leckt.
Ich bin der Stein, der sich den Schlägen verweigert.

Denken Sie Ihren Körper in diesen Bildern, als eine Verteidigungslinie. Halten Sie den Angriff auf, bevor er Sie erreicht. Eine Palästinenserin, der man sagte, daß sie sich in ihren Papieren als Israelin bezeichnen müsse, sagte: »Aber ich bin Palästinenserin. Mein Haar ist palästinensisch, mein Körper ist palästinensisch, und die

Worte, die ich spreche, sind palästinensisch.« Machen Sie Ihren Körper zu einer Quelle immer wieder neu erdachter Hindernisse.

ZWEI

Verbannen Sie jeden Gedanken an einen Kampf nach dem Prinzip: Auge um Auge

Es gibt in diesem Spiel keine Rache. Es gibt nicht einmal die Idee, daß Rache ein Gericht ist, das man am besten kalt serviert.

In diesem Krieg werden Sie *nicht* mit gleicher Münze heimzahlen. Sie werden überhaupt keinen sichtbaren Kampf führen.

Gandhi nannte diese Taktik »ahimsa«, was bedeutet, daß man sich weigert, andere zu verletzen. Es heißt nicht, Gleiches mit Gleichem zu vergelten. Nicht einmal in Ihrem Geist fürchten Sie Ihren Gegner. Sie drohen nicht. Sie denken nicht: »Verletze mich, damit ich es dir heimzahlen kann.« Ahimsa ist die »Stärke, die der Feigheit verwandt ist«.

DREI

Tun Sie so, als wäre Ihr Gegner Ihr Verbündeter

Tun Sie das Unerwartete. Seien Sie wachsam für die Verletzlichkeiten Ihres Feindes. Als Gandhi davon sprach, auf offenem Feld zu stehen, während ein Bomber über seinen Kopf fliegt, beanspruchte er in Wirklichkeit für sich, sicherer zu sein als der Pilot, der durch eine riesige

Kriegsmaschinerie geschützt werden mußte. Gandhi stand unter dem Schutz seiner Überzeugungen, die viel stärker waren und jeden Haß überwinden würden. Er hatte recht.

Sie haben großen Einfluß auf den stärksten Gegner. Sagen Sie einem Liebhaber, daß er einen starken und großzügigen Charakter besitzt, und reagieren Sie auf seine Eigenheiten ohne Kritik oder Ärger, so rufen Sie eben dieses Verhalten in ihm hervor. Stärke und Großzügigkeit werden deutlicher hervorstechende Merkmale seines Charakters werden.

Die Menschen wachsen an den Erwartungen, die man an sie stellt. Je höher Ihre Erwartungen sind – nicht Ihre Forderungen, beachten Sie das bitte –, desto mehr bemühen sich die anderen, sie zu erfüllen. Der Unterschied ist, daß Erwartungen liebevoll ausgedrückt werden, während Forderungen aus der Wut heraus gestellt werden.

Erkennen Sie, daß Ihr Feind oder Gegner selbst von einem größeren Widersacher unterdrückt wird. Wenn Sie sich auf den gemeinsamen Feind berufen, dann lehren Sie ihn, seine Gegnerschaft entspannt zu sehen. Und wenn Sie ihn in seinem Heldentum bestärken, dann machen Sie ihn zu einem Verbündeten.

VIER
Knüpfen Sie ein riesiges Netz

Bauen Sie ein Netzwerk der Unterstützung auf. Überzeugen Sie den Gegner davon, daß seine Opposition zwar für Sie von Nachteil, für ihn aber ein noch größerer Verlust ist. Tun Sie dies, indem Sie ein Netz der Unterstützung knüpfen. Ein Netz ist schwer anzugreifen, weil es weit ausgelegt ist. Die Zapatista-Rebellen in Mexiko reden viel mehr, als daß sie kämpfen. Wenn sie angegriffen werden, tauchen sie in ihrem Netzwerk von Freunden und Gruppen unter, die dieselben Ziele haben wie sie. Sie bilden eine Lobby. Sie brauchen keine Streitkraft. Sie müssen nur eine Idee oder eine Ideologie teilen, die vielen Menschen etwas bedeutet.

Bitten Sie andere um Hilfe. Stellen Sie sicher, daß die anderen wissen, wofür Sie stehen. Ermutigen Sie andere, Ihre Ziele in Frage zu stellen, denn Menschen, die Sie kritisieren, werden sich auch bald selbst kritisieren – und das ist wertvoll, wenn Sie das Denken anderer in Richtung auf Ihre Pläne verändern wollen. Sie möchten, daß die anderen so viel wie möglich über Sie nachdenken, so daß Sie zur Verkörperung Ihrer Idee werden. Wenn erst einmal die Frage auftaucht: »Wer ist sie?«, dann werden Sie ernstgenommen. Die anderen stehen Ihnen dann nicht mehr gleichgültig gegenüber; sie sind nahe daran, die Welt mit Ihren Augen zu sehen. Tun Sie dies wieder und wieder, mit so vielen Menschen wie möglich, und Sie werden eine breite Unterstützung gewinnen, ähnlich wie Melanie Klein (S. 165 f.), die ein riesiges Netz von Sympathisanten wie von Gegnern aufbaute, die ihre Ideen zu hohem Bekanntheitsgrad führten.

FÜNF
Werden Sie mehr zu Ihrem Feind als Ihr Feind selbst

Es schockiert den Gegner, wenn Sie seine Position einnehmen. Sie gewinnen dadurch mehr, als Sie je erreichen würden, wenn Sie unnachgiebig an Ihrer Position festhielten. Diese Taktik ist sinnvoll, wenn Sie einem Feind begegnen, der sich verschanzt hat und immer stärker zu werden scheint, egal, was Sie tun. Ein rascher Wechsel, ein Schock für das System eines jeden, ist hier angezeigt.

Eine freiheitsliebende Rockgruppe in Osteuropa mit Namen Laibach hatte eine geniale Lösung für eine scheinbar hoffnungslose Situation. Die Partei, die sie unterstützten, war aus dem Amt gewählt worden. Anstatt gegen die neuen Machthaber zu kämpfen, begann Laibach, sich so zu verhalten wie die Despoten selbst. Sie schienen den Feind als ihren Freund anzusehen. Sie priesen die Tyrannen; sie vertraten dieselben Grundsätze, gegen die sie einmal protestiert hatten. Das wäre vergleichbar einem Manager, der plötzlich mehr Chefallüren an den Tag legt als einer seiner tyrannischen Chefs. Der plötzliche Wechsel hatte großen Erfolg.

Im Fall von Laibach begann jeder sich zu fragen, was geschehen war. Anhänger und Machthaber waren durch den plötzlichen Taktikwechsel verwirrt. Hatte Laibach die Seiten gewechselt?

Nein. Die Gruppe wußte, daß die wütende, revolutionäre Haltung gegen welchen Feind auch immer nur die bestehenden Machtstrukturen festigt. Wenn eine Frau gegen »weiße männliche Unterdrückung« kämpft, dann werden die weißen Männer nur stärker und widerstandsfähiger. Durch Ihre Wut und Ihre Forderungen verstärken – oder erzeugen – Sie das verhaßte Verhalten. Trotz läßt Ihren Feind stärker an seiner Position festhalten, als Widerstand es täte. Klagen wenden nicht das Glück der Schlacht. Die Schaffung von Gegensätzen treibt nur jede Seite zu einer Haltung größerer Feindseligkeit.

Benehmen Sie sich statt dessen so wie die Leute, die Sie hassen, und seien Sie sogar noch mehr so wie die Verhaßten als diese selbst. So brachte Laibach durch ihr ausweichendes Verhalten und ihre Vieldeutigkeit – hatten sie nun die Seiten gewechselt oder nicht? – die Menschen dazu, ihre eigenen, individuellen Positionen einzunehmen. Indem sie Laibachs Loyalität in Frage stellten, begannen die Menschen, für sich selbst zu denken. Laibach brachte sie an den Punkt, wo sie auf demokratische Weise ihr Schicksal selbst entschieden. Das ursprüngliche Anliegen von Laibach – Freiheit – erhielt eine neue Welle der Unterstützung.

SECHS
Reduzieren Sie den Konflikt auf das Wesentliche

Wenn Sie das Wesentliche einer jeden Situation erkennen, dann hilft Ihnen das, teure Verteidigungen und Verweigerungshaltungen zu vermeiden, und es bringt Sie dazu, das verborgene Potential von gutem Willen und tatkräftigem Handeln zu nutzen. Wenden Sie die Taktik der fünf Warum an, um das Verborgene zutage zu fördern. Werden Sie zur Spionin. Legen Sie Egoismus, Neid und Selbstherrlichkeit ab. Die Wahrheit ist einfach, frei und klar. Lassen Sie sich von ihr leiten.

Sie werden in solchen Momenten, in denen Sie den

Konflikt, der in jeder Beziehung, jedem Job oder Ihrer persönlichen Situation enthalten ist, auf die wesentlichen Dinge reduzieren, Leichtigkeit und Freude empfinden. Es ist, als wären Sie gottähnlich geworden und könnten über dem Tohuwabohu schweben und es als das erkennen, was es ist.

SIEBEN
Stellen Sie sich der Macht gegenüber, bekämpfen Sie sie nicht direkt

Vertrauen Sie der Als-Ob-Taktik.

Handeln Sie, *als ob* die Macht, die Sie anstreben, *bereits die Ihre wäre*. Magda tat das gegenüber den Nazis. Sie verhielt sich so, *als ob* die Anweisungen der Nazis keine Macht über sie hätten. Und so gelangten ihre Gegner zu der Auffassung, daß das wirklich so sei. Gandhi kämpfte nicht direkt gegen die Briten; er widersetzte sich ihren Anweisungen und tat so, *als ob* die Menschen in Indien, die so lange vom Gehorsam gegen die Herrscher eingeschüchtert worden waren, in Wirklichkeit voller Kraft wären und die Freiheit schon gewonnen hätten und jetzt nur noch die Briten dazu bringen müßten, dies anzuerkennen. Auch Martin Luther King kämpfte nicht direkt gegen das Establishment der Weißen. Jeder von ihnen widersetzte sich der Macht, indem er erstens nicht an die überkommene Macht glaubte und zweitens glaubte, seine Seite habe bereits gesiegt, und man müsse diesen Sieg jetzt nur noch öffentlich machen.

Anstatt sich einem Fernsehproduzenten unterzuordnen, der einer anderen Person den Job geben wollte, den eine Fürstin begehrte, begann sie, sich so zu verhalten, *als ob* der Job vor der Kamera bereits der ihre wäre. Sie berief eine Konferenz mit dem Produzenten ein und sprach davon, wie sie die erste Show plante, wen sie als Gäste einladen wollte und so weiter. Zunächst war der Produzent von ihrer Unverschämtheit wie vor den Kopf gestoßen. Das Spektakel schockierte ihn dermaßen, daß er zuhörte. Als sie dann ihr Szenario weiter vorstellte, begann er einzusehen – so unmöglich das alles auch zu sein schien –, daß sie eine Hand dafür hatte, die Dinge ins Laufen zu bringen, und zwar in stärkerem Maße als er oder seine »ideale« Kandidatin. Am Ende der Konferenz war er nahezu überzeugt, daß sie die beste Besetzung für den Job sei. Denken Sie daran, daß Sehnsüchte die Welt regieren: Indem Sie so tun, als seien sie bereits erfüllt, überzeugen Sie die anderen davon, daß es so ist.

ACHT

Beobachten Sie jede Situation auf ihr Gegenteil hin

Macht enthält immer auch den Samen der Schwäche und Unsicherheit. Das ist der Schlüssel dazu, wie man den Griff eines anderen oder einer Sache um Sie lockern kann. Bilden Sie Gegensätze zur herrschenden Kraft, anstatt mit ihr zu streiten, und die schwindende Macht wird Sie aufsteigen lassen.

Fragen Sie sich selbst: »Was ist die größte Stärke meines Feindes?« In dieser Stärke liegt die Schwäche, auf die Sie zielen werden. Wenn die größte Stärke Ihres Gegners Schnelligkeit ist, konzentrieren Sie sich auf Qualität.

Ein Angreifer, der Sie mit der ganzen Gewalt seiner Macht physisch oder organisatorisch bedroht, wird verwirrt sein, wenn Sie nicht gegen die Stärke zu kämpfen beginnen. Während der Gegner im Kämpfen Energie verliert, gewinnen Sie Kraft hinzu.

Sie sitzen in einer Konferenz, in der X den Ton angibt. Sie übertreibt und bringt die Konferenz zum Scheitern. Sie greift Ihre Fähigkeiten an. Wechseln Sie zum anderen Extrem über. Verteidigen Sie sich nicht. Empfehlen Sie statt dessen eine andere Vorgehensweise. Spielen Sie Ihr Szenario aus. Wenn X erkennt, daß Sie offen sind, wird sie sich nicht länger an die Wand gedrückt fühlen. Aber Sie haben sie genau dort, wo Sie sie haben wollen, und sie wird es nicht einmal bemerken. Oder zerstreuen Sie ihre Macht, indem Sie andere am Tisch anregen, in die Diskussion einzutreten. Verschieben Sie das Zentrum der Aufmerksamkeit, laden Sie andere ein teilzunehmen, und Sie werden die Quelle anmaßender Macht versiegen lassen.

Spielen Sie jede Stärke (auch die Schwächen) aus, und die Macht gehört Ihnen.

NEUN
Seien Sie bereit, verletzt zu werden, aber nicht zu verletzen

Handeln Sie niemals aus Rache. Das stärkt nur den Gegner.

Zeigen Sie sich statt dessen verletzlich. Machiavelli rät dem Fürsten, andere anzulügen und die Wahrheit für sich zu behalten. Er will den Gegner in die Defensive zwingen, die er als Unsicherheit definiert.

Deshalb: Seien Sie ehrlich, wo alle anderen sich bedeckt halten. Seien Sie offen, wenn alle anderen bewaffnet sind. Nehmen Sie etwas an, das alle anderen zurückweisen. Achten Sie darauf, nicht den Wesenskern eines anderen Menschen zu verletzen, denn derartige Feindseligkeit ruft nur zusätzliche Gegnerschaft hervor, und das Ende wird vielleicht ein Waffenstillstand, aber nicht gegenseitiger Respekt sein, und deshalb tragen Sie keinen Sieg davon. Respektieren Sie den anderen.

Sie können verletzt werden. Sie werden verletzt werden. Aber in einem Streit, in dem Sie Offenheit zeigen, wirkt eine Verletzung weniger schmerzhaft, als wenn Sie sich selbst verschanzen. Wie beim Fallen ist es besser für Sie, locker zu bleiben, als sich in Erwartung der Wucht des Aufpralls zu verkrampfen. Wenn der Gegner sieht, wie offen Sie sich verhalten, dann weiß er, daß Sie um wirklich wichtige Dinge kämpfen; er weiß, daß Sie nicht bluffen. Das ist nicht dasselbe, wie eine Opferrolle anzunehmen und Schläge einzustecken, denn das Opfer hat keine eigenen Ziele. Die Bereitschaft, sich in Aktion, wenn man ein Ziel hat und es verfolgt, verletzen zu lassen ist ein Zeichen der Stärke; die Bereitschaft, sich in einer passiven Haltung verletzen zu lassen, ist selbstmörderisch.

Handeln Sie nie aus Rache, zur Bestrafung oder um Ihrem Gegner zu zeigen, daß er es »verdient hat«. Das verwickelt Sie nur in eine Mischung aus Stolz und Schuld, die Ihre Position psychologisch und moralisch untergräbt.

George Eliot, oft der weibliche Shakespeare genannt, wurde von vielen ihrer Zeitgenossen gemieden, weil sie mit ihrem Liebhaber, George Lewes, zusammenlebte.

Dennoch »kämpfte sie nicht gegen die Einschränkungen, die man ihr auferlegte, sondern baute sich um die Verbote herum ein zurückgezogenes, aber sinnvolles Leben auf«.

In der Zeit des viktorianischen England landete ein unverheiratetes Paar nicht auf dem Scheiterhaufen, aber ansonsten widerfuhr ihm so ziemlich alles an gesellschaftlicher Ächtung – für uns heute unvorstellbar. George Eliot wurde als nicht vertrauenswürdig bezeichnet und als skrupellose Saboteurin des trauten Heimes beschimpft. Sie entschloß sich, diese Angriffe entgegenzunehmen, wie ein Kämpfer sich einem Schlag stellt. Sie wußte, daß die Argumente ihrer Angreifer nicht wahr waren, denn sie fühlte sich durch sie nicht beunruhigt. Und weil sie sich davon nicht aus der Ruhe bringen ließ, begriffen auch die Angreifer, daß ihre Argumente nicht der Wahrheit entsprachen.

In der Zwischenzeit schrieb George Eliot Erzählungen, die eine moralische Erziehung zum Zweck hatten. So kämpfte sie von ihrem hohen Niveau aus gegen ihre kleingeistigen und bösartigen Gegner. Das erwies sich als eine gute Taktik. Als junge Frau wurde sie als unglaublich häßlich bezeichnet (ihr erster Freier, Herbert Spencer, erzählte seinen Freunden, daß er es nicht fertiggebracht hätte, sie zu heiraten, weil sie zu häßlich war). Aber nachdem sie alle Angriffe gegen ihre Moral und ihr Aussehen ignoriert und ihre eigenen Kriege geführt hatte, reisten Männer und Frauen aus aller Welt herbei, um George Eliot, die Autorin und Heilige, die Moralistin und Lehrerin, zu sehen. Manche sagten, sie sei die schönste Frau, die sie jemals gesehen hätten.

ZEHN

Erfinden Sie etwas Neues, um eine Grenze zu versetzen

Wenn Sie etwas Neues oder Erstaunliches oder Ungewöhnliches zu einer Situation hinzufügen, werden Sie die Überzeugung Ihres Gegners untergraben.

Weisen Sie neue Ideen oder neue Kollegen nicht zurück; heißen Sie alles und jeden zu einem Projekt willkommen. Jede neue Person, Idee, Situation kommt dem Menschen zugute, der sie erlebt, und die meisten Menschen scheuen davor zurück.

Gertrude Stein hing dieser Meinung an. »Alles muß in Ihr System aufgenommen werden«, sagte sie über das kreative Leben, »sonst können Sie nicht wirkliche Einfachheit erlangen.«

Sie selbst baute ihre Karriere auf diesem Ratschlag auf. »Einer der erstaunlichsten Aspekte ihres Werdeganges war ihre Beweglichkeit«, sagt der Historiker James Mellow. »Aus Neugier, einfacher Hingabe und einem sehr schlauen Verständnis davon, wie man in der modernen Welt eine Karriere schneidert, kultivierte Gertrude das Junge in jeder Generation. Zu Beginn des Jahrhunderts unterstützte sie die Avantgarde der Pariser Künstler; in den zwanziger Jahren nahm sie sich junger Autoren, Journalisten, Publizisten und der Verleger kleiner Magazine an, die, wie sie es gern nannte, ›für die Freiheit des Verses gestorben waren‹; in den Dreißigern schuf sie sich eine neue Schar von Bewunderern, indem sie während einer sehr beachteten Reise durch die USA an Colleges und Hochschulen Studenten unterrichtete; in den vierziger Jahren kümmerte sie sich in großem Stil um die amerikanischen GIs des Zweiten Weltkriegs, was sie wiederum mit einem immerwährenden Publikum versah« – und mit steter Unterstützung und gleichbleibender Bewunderung.

Bereichern Sie Ihr Leben, Ihre Umgebung, Ihren Geist. Grenzen sperren andere aus, aber sie tun auch noch etwas anderes: Sie sperren Sie ein.

ELF
Führen Sie Ihre Kampagne ganz offen und aus der Nähe

Sagen Sie, was Sie wollen (anstatt Ihre Sorgen und Ihre Verletzungen zu benennen). Erklären Sie auch, was Sie erreichen wollen.

In den Kriegen der Intimität triumphiert derjenige, der Informationen mitteilt, über denjenigen, der sie zurückhält. Dies trifft auf Ihr Verhalten gegenüber Gegnern ebenso zu wie auf den Umgang mit Verbündeten. Es ist besser für Sie, wenn Sie Informationen über Ihre Ziele und Taktiken verbreiten, als wenn Sie damit hinterm Berg halten oder Köder auslegen. Vergessen Sie das Versteckspiel. »Information ist wie eine Rose, ihre Dornen wachsen ins Herz«, sagte die Spionin und Widerstandskämpferin des Zweiten Weltkrieges, Mary Lindell. Informationen, die Sie für sich behalten, behindern Sie nur.

Sagen Sie die Wahrheit, und handeln Sie wahrhaftig. Wenn Sie einem Widersacher nach dem Munde reden und ihm nicht sagen, was Sie denken, dann manipulieren Sie ihn – und werden zu einer Frau, die sich an kleine Erfolge gewöhnt hat. Wenn Sie den Menschen nur das sagen, was sie hören wollen, dann vermitteln Sie zwangsläufig den Eindruck, im Grunde Ihres Herzens feige zu sein. Die anderen werden das merken, denn wir geben uns in den kleinsten Taten zu erkennen. Um ein Träger der Macht zu werden, müssen Sie sich Ihrem Wort gegenüber wahrhaftig verhalten.

Eine berühmte Autorin hatte lange ein Familiengeheimnis für sich bewahrt, das den Tod ihrer Mutter betraf. Jedesmal, wenn sie ein Buch veröffentlichte, lebte sie in Angst und Schrecken, daß irgendein Journalist ihre Familie bloßstellen würde, obwohl alle Familienmitglieder längst erwachsen waren und auf die eine oder andere Weise mit ihrer Vergangenheit Frieden geschlossen hatten.

Schließlich erzählte die Autorin einer integeren Journalistin, die sie auf einer Pressekonferenz kennengelernt hatte, ihre Geschichte. Die Journalistin brachte die Story natürlich, aber mit Respekt und Sympathie und ohne die gewalttätige Bloßstellung, die die Autorin so lange gefürchtet hatte.

Die Wahrheit ist die stärkste Waffe, da die Menschen zu schwach sind, ihr zu widerstehen. Wenn Sie als erste die Wahrheit sagen, dann kann niemand Sie verletzen. Eine Anwältin gewinnt alle ihre Fälle, weil sie der gegnerischen Partei alles über ihren Klienten erzählt, was diese wissen will. »Das meiste glauben sie mir sowieso nicht«, sagt sie. »Es verwirrt sie total, und sie wissen nicht, was sie glauben sollen. Sie können nicht herausbekommen, ob ich nun ein Einfaltspinsel bin oder ein Genie. Auf diese Weise weiß ich genau, was ich weiß, wenn ich in den Gerichtssaal gehe. Die anderen hingegen sind sich nicht einmal dessen sicher, was sie wirklich wissen.«

ZWÖLF

Steigern Sie Ihre Stärken – seien Sie standfest

Versuchen Sie zu verstehen, was hinter der Feindseligkeit Ihres Gegners steckt. Was empfindet er in seinem tiefsten Innern? Wahrscheinlich ist ihm sein persönlicher Erfolg wichtiger als seine Feindschaft zu Ihnen. Das ist immer so, egal, um welchen Krieg oder welchen Kampf es sich handelt. Wut muß geschürt werden, damit sie heiß bleibt, und nur wenige Menschen besitzen ein solches Dauerfeuer.

Die meisten Menschen wollen eigentlich gar nicht kämpfen. Sie wollen siegen. Die streitsüchtigsten unter uns sind meist ängstlich und suchen über alles Kontrolle zu gewinnen. Wenn jemand Sie zu seiner Zielscheibe gemacht hat, ist die Wahrscheinlichkeit groß, daß er sich mehr davor fürchtet, was Sie symbolisieren – vielleicht eine Macht oder eine Fähigkeit –, als vor Ihnen. In der Schule nannten wir diese Leute Schlägertypen.

Werden Sie zum genauen Abbild, der totalen Verkörperung dessen, was Ihr Gegner fürchtet. Ihr Chef hat Angst vor Weiblichkeit. Dann besteht Ihre Herausforderung darin, besonders feminin und absolut professionell aufzutreten. Eine Kollegin fühlt sich durch Ihre Kreativität bedroht. Teilen Sie eine Idee mit ihr. Ihr Ehemann hat sich in der letzten Zeit distanziert und zurückgezogen verhalten. Entziehen Sie ihm nicht auch Ihre Zuneigung, sondern überschütten Sie ihn damit.

Hannah Arendt, die politische Philosophin, die den Nazis in Deutschland entkam, sagt, daß sie die Nazis nicht als »Bürger der Welt« bekämpft hat, der dem Horrorszenario ruhig, distanziert und objektiv gegenüberstand. Vielmehr bekämpfte sie sie »als Jüdin«, als die genaue Verkörperung der intensiven, gebildeten und introvertierten Persönlichkeit, die sie fürchteten. »Wenn man als Jude angegriffen ist, dann muß man sich *als Jude* verteidigen«, schrieb sie. Ihre Biographin, Elisabeth Young-Bruehl, stellt fest: »Sie motivierte das positive Ergebnis ihrer Eindrücke des Jahres 1933, die Umwandlung ihres persönlichen Problems« – Kritik nicht nur an ihren Ideen, sondern an ihrer Person, Betrug durch alte Freunde und Mentoren – »in einen unzweideutigen politischen Standpunkt.« *Handeln Sie mit Leidenschaft, aber denken Sie klar,* war ihr Motto. Arendt wurde später zu einer Furie, die das Unternehmen Nazizeit durch ein unvergeßliches und unvergleichliches Schlagwort anprangerte: »Die Banalität des Bösen«.

Wenn man eine Rolle wohlüberlegt spielt, dann kann das auch den selbstzufriedensten und unnachgiebigsten Gegner schockieren, und es wird sicher jeden Widersacher in Unsicherheit stürzen. Plötzlich werden Sie zu dem Bild, das andere von Ihnen haben. Sie bieten ihnen eine Selbstkarikatur an, *und es ist, als könnten sie der eigenen Realität nicht ins Gesicht sehen.* Statt dessen beginnen sie zu akzeptieren, was sie gerade noch haßten. Es ist, *als ob* sie Sie geschaffen hätten, und mit einem Mal müssen sie ihr Geschöpf lieben.

DREIZEHN
Bringen Sie Ihrer inneren Stimme bei, einmal den Atem anzuhalten

Stürzen Sie sich nicht in ein Geschehen. Lassen Sie alles langsam angehen. Übernehmen Sie das Kommando, wenn Sie bereit sind und wenn die Sache am heißesten ist.

Nur wenige Menschen konnten der Fotografin Diane Arbus widerstehen. Sie überredete sogar die streitbare Feministin der 70er Jahre, Ti-Grace Atkinson, nackt für das Cover von *Newsweek* Modell zu sitzen, sie brachte Albino-Schwertschlucker dazu, ihre Ängste vor Messern einzugestehen, und sie bekam Zugang zu Menschen und Orten, an die sich kein Fotograf herangewagt hatte. Eine Freundin erinnert sich Jahre nach ihrem Tod noch immer an die Berührung ihrer Hand. Diane verhielt sich sehr taktisch. Einer ihrer Liebhaber, Alex, erinnerte sich an den ersten Moment, als er sie sah: »›Ich bemerkte wie Diane sich im Hintergrund bewegte – sie schlängelte sich an den anderen Schülern vorbei … Ich konnte den Blick nicht von ihr wenden. Sie war meine erste große Liebe.‹ Am folgenden Tag bat Alex Diane, mit ihm einen Spaziergang zu machen … ›Ich erzählte ihr: „Du bist mir gestern abend aufgefallen", und sie sagte: „Ich weiß – das war alles etwas viel für dich." Sie registrierte sehr bewußt, was in ihrer Umgebung vorging … Sie besaß eine spontane Intuition, die aber mit einem *ausgeprägten Hang zu langsamen Reaktionen* verbunden war. Sie wußte immer sofort, was los war, doch nahm sie sich Zeit, um darauf zu reagieren.‹«

Wenn Sie den Atem anhalten, während die Welt

keucht und vorwärtsrast, dann haben Sie die Chance, Ihr Verständnis einer Situation zu vergrößern. Das ist ein Aspekt der Macht: Eine Frau, die das grobschlächtige Biest der rasenden Gegenwart aufzuhalten vermag, ist auf jeden Fall mächtig.

Wenn Sie eine Pause machen, können Sie sich ein wenig ausruhen und Ihre Handlungen mit neuem Schwung vorbereiten. Das zwingt den Gegner zum Handeln: Er wird seine eigene Strategie nochmals überdenken und wird vielleicht genau die Arbeit leisten, die Sie tun wollten. Nur wenige Menschen können Stille oder Ruhe aushalten, und sie werden sich eher rühren als abwarten und beobachten.

VIERZEHN
Appellieren Sie an das »bessere Selbst« Ihres Feindes

Zeigen Sie, daß Sie Ihrem Gegner absolut vertrauen.

Nutzen Sie nie einen plötzlichen Anflug von Schwäche oder Verletzlichkeit bei Ihrem Gegner aus. Machen Sie ihn statt dessen wirklich stark. Lenken Sie ab mit Dichtung, mutigen Taten, Geschichten, Liedern, so wie Sojourner Truth es tat, als sie von einem feindlichen Mob angegriffen wurde (s. S. 158 f.). Geben Sie Ihrem Glauben Ausdruck, daß Ihr Gegner niemanden verletzen will. Machen Sie klar, daß er nichts verlieren, sondern vielmehr gewinnen wird, wenn er Ihnen hilft oder sich mit Ihnen verbündet. Sie müssen in der Lage sein, dem Gegner Mut zur Veränderung zu machen. Die meisten Menschen wollen Gutes tun. Sie lieben Belohnungen. Man muß sie nur an ihre eigenen guten Instinkte und ihr Gefühl für Fairplay erinnern, und sie werden nach Ihren Wünschen handeln.

FÜNFZEHN

Vertrauen Sie sich selbst, was Ihr Leiden, aber auch Ihren Triumph angeht

Nehmen Sie in Ihrem Krieg keine Hilfe von außen an – akzeptieren Sie nur die Unterstützung von Insidern. Suchen Sie nicht die Feinde Ihrer Feinde auf. Versuchen Sie nicht, sie gegen die Person aufzustacheln, in der Sie Ihren Widersacher sehen. Sie müssen die Schlacht nach Ihren Plänen, und nur danach, schlagen.

Hätte Gandhi in seinem Kampf gegen die britischen Herrscher die Unterstützung der Vereinigten Staaten angenommen, hätte er seine Chancen auf einen klaren Sieg vertan. Der Anlaß seines Kampfes wäre verblaßt. Sein Kampf um die Freiheit wäre zu einem Schlagabtausch zwischen britischem und amerikanischem Imperialismus geworden. Gandhis Ziele wären erst an zweiter Stelle gekommen.

SECHZEHN

Seien Sie bereit, Veränderungen beim Gegner zu akzeptieren, und sowohl Ihre Strategie als auch die Ziele Ihrer Kampagne diesen anzupassen

Seien Sie immer bereit, andere zu überzeugen, aber lassen Sie auch sich selbst überzeugen. Beharren Sie nicht auf einem Standpunkt. Argumentieren Sie nicht aus Prinzip. Lassen Sie sich von dem leiten, was Ihnen unter veränderten Bedingungen wahr erscheint. Seien Sie standfest und gleichzeitig flexibel.

Bleiben Sie hellhörig für die Gefühle Ihres Chefs (oder Ihres Liebhabers), wenn Sie um eine Gehaltserhöhung (oder um mehr Zuneigung) kämpfen. Werden Sie nicht taub für die Empfindungen anderer. Seien Sie aufmerksam, damit Sie dem anderen helfen können, wenn es erforderlich ist. Bleiben Sie im Prinzip immer gesetzestreu. Halten Sie sich an Ihre Vorgaben, und befolgen Sie die Regeln der Beziehung, die Sie errichtet haben. *Wenn Sie dennoch eines der Gesetze, das Sie eingebracht haben, mißachten, dann ist die Situation der Revolte von Ihnen gesucht und gewollt. Nur so wird es zu einer Kampfansage an die Gegenseite.* Gandhi bat um seine eigene Verhaftung. Magda wehrte sich nicht gegen die Festnahme ihres Mannes. Eine Fürstin, die die Herausforderungen ihres Jobs oder die Versprechen gegenüber ihrem Liebhaber umgeht, tut das nur einmal, und zwar als Kriegserklärung. Innerhalb dieser Grenzen müssen Sie die Strafen akzeptieren oder sogar fordern, die Sie durch Ihr gewähltes Verhalten bewußt gegen sich selbst provoziert haben.

Sie werden niemals ein wirkliches Recht ohne ein großes Risiko erlangen. Als die Bewohner der amerikanischen Kolonien, von Samuel Adams angeleitet, sich weigerten, die Teesteuer an das britische Parlament zu zahlen, und als Indianer verkleidet in der Nacht vom 16. Dezember 1773 die Schiffe enterten und den Tee in das Wasser warfen, trugen sie dazu bei, daß die Revolution in Gang kam.

»Predigen Sie gegen falsche Doktrinen«, schrieb George Eliot, und »Sie werden schwache Geister zerstören und sie auf ein Meer des Zweifels hinausschicken«. Antigones große Begabung war es, daß sie es wagte, recht zu haben. Sie scheiterte und starb für ihre Prinzipien, weil sie nicht wagte, unrecht zu haben, ihre eigenen Kräfte zu sammeln und ihre Kampagne neu auszurichten.

Lassen Sie zu, daß Ihre eigenen Fehler Sie verändern. Achten Sie darauf, wann Sie andere überzeugen und aufklären müssen, so wie Sie selbst immer bereit sein müssen, sich überzeugen und aufklären zu lassen.

SIEBZEHN

Nehmen Sie jedes Leiden, auch Verlust oder Demütigung, lieber hin, als zu zeigen, daß Ihr Ego Ihnen wichtiger ist als Ihr Ziel

Wenn Ihr Gegner weiß, daß er Sie nur demütigen, aber nicht zerstören kann, dann hat er keine Macht über Sie. Er wird aufhören, Sie verletzen zu wollen.

Lassen Sie sich nicht von kleinen Ärgernissen aufhalten. Sehen Sie die Schlacht im Zusammenhang eines lang anhaltenden Krieges, nicht als vereinzeltes Scharmützel. Eine einzelne Episode kann keine Niederlage sein, wenn Sie Ihr Ziel weit stecken.

Geben Sie Ihrem Feind zu verstehen, daß Sie sicher sind, daß er nicht darauf beharren wird, Sie zu verletzen. Ihr Gegner wird schließlich zu Ihnen überlaufen, und wenn es nur deshalb ist, weil Sie ihm zeigen, daß

Sie gewinnen werden und daß er aus diesem Sieg einen größeren Gewinn oder eine Stärkung seiner Persönlichkeit davontragen wird – seinen eigenen Teil der Macht.

Wut gegen den Gegner und Wut gegen sich selbst sind nicht zu trennen. Betrug des Gegners ist gleichbedeutend mit Selbstbetrug.

Der entscheidende Punkt an dieser Taktik ist, um die Worte des Psychologen Erik Homburger Erikson zu verwenden, die »doppelte Umwandlung«. Sie nehmen die wütende, verletzende, gierige, unkooperative, feindliche Person, und indem Sie »ihren egoistischen Haß aufnehmen und lernen«, sie *wegen* ihrer Fehler zu lieben (mit ihren Fehlern, nicht trotz ihrer Fehler), konfrontieren Sie sie mit sich selbst und wickeln sie ein. Sie zwingen den anderen, seine verborgene Fähigkeit, zu vertrauen und zu lieben, wiederzuentdecken. Sie wollen den anderen also nicht erobern, sondern eine »untragbare innere Beschaffenheit« heilen. Zuerst verwandeln Sie die Wut Ihres Gegners. Dann besiegen Sie seine inneren Widersprüche.

Jeder Feind liegt im Krieg mit sich selbst. Sie geraten ihm nur zufällig in die Schußlinie. Sie selbst kämpfen immer gegen den inneren Feind, den Sie fälschlicherweise für jemanden außerhalb Ihrer selbst halten, für Ihren Liebhaber, Ihre Mutter, Ihr Kind, Ihren Chef. Wenn Sie einem Widersacher die Wut nehmen, dann ist Ihre Kraft stärker als alle Waffen.

IV
Die größte Freiheit liegt darin, die Schlacht zu beenden

Nichts fällt schwerer, als etwas zu beenden. Bis hierher haben wir den Krieg als ein Spiel von grimmigem Nehmen und Geben und stählernen Möglichkeiten beschrieben. Hier kommt nun die letzte Taktik – für die Kunst des Abbauens, des Niederreißens, des Beendens der Schlacht.

ACHTZEHN
Die größte Kraft ist die des Abschieds

Wenn Sie alles versucht haben und ein Gegner dennoch feindselig bleibt, sollten Sie gehen. Seien Sie bereit, sich zurückzuziehen. Das ist der einzige Weg, Ihren Unternehmungsgeist für andere Gelegenheiten zu bewahren.

Ein buddhistisches Sprichwort sagt: »Du mußt das Buch schließen.« In den Tempeln der Buddhisten sieht man die Statue einer Frau, die die Weisheit darstellt. Sie trägt zwei Gegenstände: ein Buch und ein Messer. Das sind ihre Werkzeuge: ein Buch für den Geist und ein Messer, um Dinge abzuschneiden. Ein entscheidender Teil der Weisheit liegt darin, abbrechen zu können, zu wissen, was man beenden muß, und wann und wie man es tun muß. Die Art und Weise, in der Sie das Buch schließen, einen Schnitt machen, bestimmt, ob die Geschichte dennoch weitergehen wird.

Man kann etwas auf zwei Arten beenden: durch produktive Zerstörung und durch unproduktive. Unproduktive Zerstörung bedeutet Selbstzerstörung. Das heißt, daß man etwas zu früh zerstört, bevor die Zeit dafür gekommen ist.

Unproduktive Zerstörung ist nicht immer deutlich erkennbar. Es gab einmal eine Frau, die in manchen Kreisen sehr berühmt war, weil sie in allen Ländern der Welt Berge bezwang. Sie machte viele Besteigungen im Alleingang, sie wanderte in China, bevor das Land anderen Ausländern geöffnet wurde. Vor einigen Jahren führte sie eine Gruppe durch die Rocky Mountains und ging ein wenig voraus, um den Weg zu erkunden. Sie bemerkte das Rieseln kleiner Steine über ihrem Kopf, ging aber dennoch weiter. Im nächsten Moment brach eine Lawine los und begrub sie unter sich. Sie war die einzige ihrer Gruppe, die ums Leben kam.

Sie wird als mutig verehrt, als eine Frau, die das Leben liebte. Tat sie das wirklich? Diese Frau war jahrelang hinter ihrem Tod hergelaufen, indem sie sich immer zwang, weiter zu gehen als sinnvoll war. Sie war überhaupt nicht mutig. Sie hatte Angst und kannte sich offenbar besser mit unproduktiver Zerstörung aus als mit ihrem Gegenteil. Sie konnte niemals sagen: »Nein, ich habe Angst, ich fühle mich unsicher, laßt uns umkehren.« Sie suchte die außerordentliche Gefahr, nicht weil sie in solchen Momenten ihre Ängste ausrotten konnte, sondern weil sie sie verstecken konnte. Sie hatte schreckliche Angst vor Nähe, weil sie da keinen Raum hatte, um sich zu verstecken.

Wenn jemand sein Leben oder eine Beziehung beendet, ohne sich die Möglichkeit zu bewahren zu reifen, dann ist das selbstzerstörerisch. Wenn Sie einen Job ohne gute Gründe kündigen – vielleicht aus Frustration oder Demütigung und nicht, weil er Sie nicht mehr erfüllt –, dann ist das selbstzerstörerisch. Wenn man ein Gedicht, das man geschrieben hat, zerreißt, anstatt es zu überarbeiten, wenn man einen anderen Menschen mit einer kränkenden Bemerkung verletzt – dann beendet man die Dinge, ohne daß es die Möglichkeit einer Fortführung unter anderen Vorzeichen gibt. Durch diese Handlungen zerstört man auch etwas in sich selbst, vielleicht die Fähigkeit, langwährende Verbindungen einzugehen.

Die Kraft des Abschieds liegt nicht in unproduktiver Zerstörung, sondern in produktiver Zerstörung.

Produktive Zerstörung ist der klare Schnitt, der ein Ergebnis und einen Abschluß mit sich bringt. Sie müssen wissen, wann Sie einen Liebhaber verlassen sollten, der Sie nicht würdigt; Sie müssen wissen, wann Sie die Zusammenarbeit mit einem Untergebenen, den zu halten Sie zu viel Anstregung kostet, beenden sollten; Sie müssen wissen, wann Sie die Arbeit mit einem Therapeuten aufkündigen sollten, der Ihnen nicht zuzuhören scheint – das sind produktive Abschlüsse. Und daraus wächst ein neuer Anfang.

Eine Fürstin muß die halbtoten Dinge in ihrem Leben zerstören, so wie der Waldbrand den unfruchtbaren Boden zerstört und für neues Wachstum bereitet. Ziehen Sie einen klaren, deutlichen Schlußstrich. Zögern Sie nicht wegzugehen, wenn Sie die Situation durchschaut haben.

Wenn Sie sagen: »Nein, es ist vorbei«, dann öffnet das Ihre Augen für neue Möglichkeiten. »Nein ist das größte Wort, das wir der Sprache hinzufügen«, schrieb Emily Dickinson. Als sie 47 Jahre alt war, fiel das Interesse eines Witwers, Judge Lord, auf sie, der sie, die »Einsiedlerin von Amherst«, heiraten wollte. Hier schien sich ihr die erste Gelegenheit zu einer Liebe aufzutun, seit sie fünfzehn Jahre zuvor von Charles Wadsworth zurückgewiesen worden war. Dennoch sagte sie nein. Wollte sie sich auf ihre sichere, reine Position zurückziehen, oder hegte sie keine Gefühle für Lord? Wenn Sie weggehen oder jemandem oder etwas Ihren Rücken zukehren, dann verleiht Ihnen das eine Stärke, die in dieser Welt der Befriedigung kaum verstanden wird. Sie stärken sich, um zurückzukehren und wieder für das zu kämpfen, was Sie wirklich ersehnen, denn das »Nein« macht Sie stark. Ihr Gefühl für Ihre Möglichkeiten wächst, ebenso wie Ihr Wille, sie zu erkennen, wenn Sie bereit sind, Abschied zu nehmen.

Vielleicht ist es das, was Fürstinnen wirklich von anderen Frauen unterscheidet: Sie sagen zu anderen nein, aber noch viel öfter zu sich selbst (und auch bei wichtigeren Dingen). Wenn man zu sich selbst nein sagen kann, dann heißt das, daß jedes Ja echt ist. George Eliot durchlebte die ungeheuerlichsten Abschiede – so stark, wie andere in ihren Forderungen waren, war sie in ihren Verweigerungen. Im Verlauf ihres Lebens kehrte sie den strengen Regeln zum Kirchgang, die ihr Vater aufgestellt hatte, den Rücken, woraufhin sie als unmögliche Partie galt. Sie verliebte sich in einen verheirateten Mann und lebte mit ihm zusammen, was sie von ihren weltlichen Schriftstellerfreunden entfernte. Sie verabschiedete sich von dem beliebten Stil der viktorianischen sentimentalen Romane und hing dem Ideal an, nur zu schreiben, was die Wahrheit forderte, auch wenn das zu ihren Lebzeiten als plump kritisiert wurde. Und dann, als ihr lebenslanger »Ehemann« George Lewes starb, weigerte sie sich, zu seinem Begräbnis zu gehen. Sie brach völlig zusammen – »ihre Schreie waren durch das Haus zu hören« – und heiratete zwei Jahre später einen Mann, der zwanzig Jahre jünger war als sie.

Fürstinnen lassen sich nicht von irgendwelchen Vorstellungen von einem glorreichen Leben betören. Sie wissen, daß Neues aus klaren Abschieden entsteht. Fürstinnen erkennen, daß es größere Freiheiten schafft, wenn man Grenzen akzeptiert. Und es gibt keine größere Macht als die Freiheit, Abschied zu nehmen.

Das Buch der feinsinnigen Waffen

Die Dichterin Naomi Shihab Nye erinnert sich, daß sie ihre Mutter fragte: »Wann weiß man, daß man sterben wird?« Diese antwortete: »Wenn man keine Faust mehr machen kann.«

I
Wie die richtigen Waffen den Krieg zu Ihren Gunsten entscheiden können

In der letzten Lektion zur Ausbildung der Fürstin als Kriegerin geht es darum, wie man seine Waffen erkennt und lernt, sie zu gebrauchen. Ebenso wie konventionelle Waffen – ein Schwert oder eine Faust – vermögen feinsinnige Waffen schnell das Gleichgewicht der Macht zu verändern. Sie verleihen Ihnen sofortige Stärke, lassen die Feinde zurückweichen und bringen Sie der Erfüllung Ihrer Träume näher. Es handelt sich hierbei nicht um die Waffen, die gewöhnlich gegen Sie gerichtet werden, wie schneidender Humor, Lügen, Wut, Forderungen oder Schuldgefühle. Ihre Waffen sind Qualitäten, besondere Merkmale und eine besondere Ausstrahlung, die Frauen sonst zur Kunst der Verführung rechnen und die sie nicht im Erfolgskrieg einsetzen wollen. Was die körperlichen Dinge angeht, sind die Waffen Ihre Kleidung, Stimme, Haltung, Ihr Haar, Make-up und Ihre Tränen.

Ihre Waffen sind am wirkungsvollsten, wenn Sie Ihre Geschichte kennen. »Das Mädchen weiß nicht, was sie will«, machte sich die Menge über die junge Märtyrerin Ursula lustig, als sie hingerichtet wurde, weil sie sich geweigert hatte, die Konkubine von Attila dem Hunnen zu werden. Dieser Satz ist von großer Bedeutung für die Fürstin; sie weiß, was sie will. Jede Frau erzählt durch den sichtbaren Ausdruck ihres Selbst eine Geschichte von sich. Aber *die Fürstin kennt die Geschichte, die sie anderen vermittelt, und das ist ihre Stärke.*

Ein Kämpfer arbeitet auf Hochtouren, um seine Geschichte so zu erzählen, daß kaum einer sie ignorieren kann. Rocky Marciano war ein großer Kämpfer, der zu einem ewigen Box-Champion wurde, indem er seine Stärke aufbaute, seine Strategie formte und dann in der Sprache seiner Kraft selbst wußte, *was er meinte.* Vor einem Kampf stellte er sich seinen Gegner beim Training ständig vor, er sah ihn vor seinem Punchingball und neben sich im Bett. In der letzten Woche vor dem Zusammentreffen ging er mit seinem mentalen Training noch einen Schritt weiter, indem er die Vertrautheit mit sich selbst aufgab und zu einem persönlichen Fremden für sich selbst wurde, um so eine fast mönchische Konzentration zu erlangen.

Jeden Tag zog er sich nun weiter in sich zurück: Er las keine Post mehr und nahm keine Telefonanrufe mehr an; er aß kein unbekanntes Essen mehr; er verweigerte jeden physischen Kontakt mit anderen Menschen. In der Nacht vor dem Kampf hatte er alles ausgeblendet – außer den Kampf selbst. Er dachte nur an seine Arme und Beine, seine Schnelligkeit und Ausdauer. *Er konzentrierte sich auf seine Stärke – er wurde zu einem menschlichen Geschoß.* Er wußte, was er wollte – bis ins allerkleinste Detail.

Die Fürstin lernt daraus, daß es wichtig ist zu wissen, welche Geschichte sie von ihrem Leben mitteilt – welche Dinge für sie sprechen. Wenn sie sich darauf konzentriert, wenn sie lernt, was sie bedeuten, dann werden diese gewöhnlichen Bestandteile ihres Lebens zu ihren Waffen. Diese Konzentration auf das, was Sie sind, bis hin zu den geringsten Kleinigkeiten, macht Sie selbst zu einer Waffe. Sie befreien sich davon, irgendeinen Aspekt Ihrer Person als bloß dekorativ zu betrachten; es gibt keinen Teil Ihrer Stärke, der Ihnen nicht bewußt wird, es gibt nichts an Ihnen, dessen Sie sich schämen.

Im alten Ägypten trugen die Pharaonen und ihre Frauen besonders aufwendige Frisuren, ein großartiges Make-up und viel Schmuck, um Macht zu demonstrieren. Heute steht das allen Frauen frei, und viele tun es. Eine Fürstin betrachtet diese Dinge nicht länger als Dekoration oder Zubehör. Sie benutzt ihre Waffen nicht, um ein Muttermal zu überdecken oder um ihr Haar im neuesten Stil zu frisieren. Sie begreift die Bedeutung dieser Dinge und versteht sie zu nutzen. Mit ihrer Hilfe vermittelt sie die wesentliche Geschichte ihres Lebens. *Vor ihrem geistigen Auge ist sie selbst Rocky Marciano.*

Die Fürstin beginnt mit der Geschichte, die das Leben von ihr erzählt. Sie sollte den entscheidenden Moment ihres Lebens bestimmen. Dies ist der springende Punkt der Geschichte, darin wird ihr stärkstes Bild festgelegt. Ist sie durch und durch die Tochter ihres Vaters, die sein Werk in die Welt trägt? Ist sie eine Mutterfigur, eine Pietà, deren Stärke und Ausdauer erprobt werden soll, so wie Golda Meir, zu der ein afrikanischer Minister, um sein natürliches Vertrauen in sie zu erklären, sagte: »Sie sind wie eine Mutter zu uns«? Eine Fürstin verschmäht dieses Bild oder diese Figur in sich nicht. Sie benutzt es; sie bewaffnet sich damit.

Ist sie eine Zauberin, die aus Staub Diamanten und

das Unmögliche möglich machen muß? Was ist der Schlüssel zu ihrem Charakter? Hieraus erwächst der Mythos, den sie um sich entstehen lassen muß und aus dem sie Symbole schaffen muß, um sich selbst unvergeßlich zu machen. Es ist ein Ziel, das sich die Fürstin gesetzt hat, sich – für sich selbst und für ihre Gegner – als archetypische Figur zu etablieren.

Fürstinnen benutzen diesen Moment der Definition oder der Charakterisierung, um ihren Leistungen Sinn zu geben. Vielleicht ist sie die Tochter ihres Vaters, die sich durchsetzt, indem sie eine freiheitliche Haltung einnimmt, Falschheit entlarvt und den Ansporn der Trauer nutzt, um etwas Neues aufzubauen. Die Väter-Töchter sind die modernen Jeanne d'Arcs. Sie lassen sich nicht ablenken, sie meinen es absolut ernst. Jeanne d'Arc wollte ihr Vaterland, ihr geliebtes Frankreich, von der englischen Tyrannei befreien. In einem anderen Land, nämlich Rußland, gab es zu einer anderen Zeit – in den 20er Jahren – Ayn Rand, die Jeanne d'Arc sehr ähnlich war. Sie mußte hilflos zuschauen, wie ihr Vater von Kommunismus und Antisemitismus zerstört wurde. Als der Staat seine Apotheke schließen ließ, brachte er sich selbst das Tischlerhandwerk bei. Die Behörden ermutigten ihn, ein Jahr lang Schultische und -stühle zu fertigen, dann nahmen sie, was er geschaffen hatte, ohne ihm etwas dafür zu zahlen. Rand vergaß diese Erfahrungen nie, und so war jedes Wort, das sie in ihrem mühsam erlernten Englisch veröffentlichte, ein Liebesgedicht an Kapitalismus und Freiheit.

Eine Fürstin, die ihre Rolle kennt, richtet alle ihre Waffen darauf aus, eine Kraft zu werden, mit der man rechnen muß. Rand benutzte alles: ihren Körper, ihren Intellekt, ihr Aussehen. *Sie wurde zu dem Bild – dem Aussehen und dem Klang – ihrer Stärken.* Wie war es möglich, daß Ayn Rand, eine Frau von so durchschnittlichem Aussehen, für derart hypnotisierend schön und ansprechend gehalten werden konnte? Wie konnte sie Nathaniel Branden, der 25 Jahre jünger war als sie, dazu bringen, nicht nur ihre Ideen, sondern auch ihren Körper zu lieben? Er wurde verführt, weil sie die Stärke besaß zu wissen, was sie wollte. Es gab nichts an ihr, das überflüssig oder unbedeutend gewesen wäre. Alles paßte zu der Geschichte, die sie war; genauso, wie Rocky Marciano sich am Tag vor dem Kampf extrem verhielt, um in sich selbst zu ruhen – Knochen, Muskeln, Sehnen – und alles andere, was überflüssig war, ausblendete, sogar den Telefonanruf eines Freundes. Dies machte Rand hypnotisierend. Ihr Körper mag vielleicht nicht so schön gewesen sein, wie der von Brandens 26 Jahre alter Ehefrau, aber er zog Ayn vor. Sie hatte gelernt, ihre Stärke mitzuteilen. Eine Fürstin drückt ihre Stärke ebensosehr durch ihre Waffen aus wie durch ihre Strategie.

Was die Fürstin will, läßt sich am besten durch nonverbale Symbole mitteilen. Frauen vertrauen stark auf Kommunikation und Schweigen als ihre traditionellen Waffen. Diese lassen jedoch die Kraft der nonverbalen Symbole vermissen. Worte können ignoriert, verdreht, bezweifelt oder außer Kraft gesetzt werden. Menschen haben natürliche und vernünftige Widerstände sowohl gegen Worte als auch gegen Stille. Ein nonverbales Symbol hingegen passiert alle diese Filter und landet einen direkten Treffer hinter den üblichen Verteidigungslinien des Gehirns.

Ich habe einmal J. beobachtet, eine Fürstin und Vorgesetzte, als sie einen Konferenzraum betrat. Sie trug einen weitkrempigen Hut und eine dunkle Sonnenbrille, als wäre die Welt für sie eine Wüste, vor deren blendender Sonne sie sich schützen müßte. Ihr Kleid war streng, erregte aber wegen seiner Besonderheit Aufmerksamkeit. Mit diesem Outfit beeinflußte sie auf brillante Weise die Spannung im Raum. Sie war optisch dominant, aber aufgrund der Symbole ihrer Verstecktheit – dem langen schwarzen Kleid, dem Hut, der Brille. Sofort bestimmte sie das Geschehen.

Als ein Foto ihres Babys herumgezeigt wurde, fragte jemand, wem das Kind ähneln würde. J. nahm den Hut und die Sonnenbrille ab. Zunächst wirkte ihre Blässe unter all dem Schwarz schockierend und verletzlich. Dann verwandelte sich dieser Eindruck in etwas außerordentlich Kraftvolles. Es war die Spannung zwischen den beiden Gegensätzen, Licht und Dunkel, grimmig und sanft, die alles Handeln und Planen auf J. konzentrierte und die sie übermenschlich erscheinen ließ. Noch heute, ein Jahr später, ist J. in den Köpfen der Menschen, die an der Konferenz teilnahmen. Wie bei Cordelia spielt es keine Rolle, daß sie den größten Teil des Stückes über gar nicht auf der Bühne steht oder wie viele Dinge sich ohne sie ereignen.

J. gebrauchte die Spannung im Raum auf brillante Weise, indem sie nichts anderes tat, als die Symbole, die sie trug, einzusetzen – ihre Waffen. Sie versah sich mit diesem Schmuck, wie ein Soldat seine Khakihosen oder ein Politiker seinen dunklen Anzug trägt: Die Kleidung diente dazu, ihre Gegenwart außerordentlich zu machen. Sie wurde dadurch mysteriös und bekannt zugleich. Jede Person im Raum verschwand im Schatten ihrer enormen – *aber nicht aggressiven* – Gegenwart. Was sie sagte, wurde durch die nonverbalen Symbole noch fesselnder, und diese konzentrierten sich darauf, wer sie war.

Es ist falsch zu glauben, daß es ein Triumph ist, überhaupt bemerkt zu werden. Es kommt darauf an, *wie* Sie bemerkt werden. Ein Anzug von Armani und ein großartiger Haarschnitt machen ihre Trägerin zur bloßen Dekoration. Sie sehen dann aus wie ein Objekt der Sonderklasse. Aber Bilder, die Ihre Geschichte vermitteln – welcher Art diese Bilder auch immer sein mögen –, sind Waffen. Dekorationen taugen nicht als Waffen, im Gegenteil. Sie lassen Sie vor dem nonverbalen Geist schwach erscheinen; sie helfen Ihnen, andere zu blenden, aber machtlos.

Eine Fürstin kann es sich nicht leisten, von sich selbst nur als ihre Idee oder ihr Talent, ihren Lebenslauf oder den Kleiderständer für irgendein großartiges Kostüm zu denken. Eine Fürstin ist eine Geschichte, ob sie es will oder nicht – weil sie eine Frau ist. Die Menschen beobachten Frauen, als würden sie sie lesen – sie beobachten sie genauer als Männer, weil sie interessanter sind.

Frauen sind Gegenstand sehr vieler Objektivierungen gewesen, weil ihnen ein Geheimnis innewohnt. Die Kraft dieses Geheimnisses mag noch viel mehr als die Kraft der patriarchalen Kontrolle der Grund dafür sein, daß Frauen in »dekorativen« Positionen sind. Einige der am meisten angebeteten Figuren sind Frauen: Jungfrau Maria, Mutter Natur, Göttinnen der Erde, Madonna! Die Menschen studieren Frauen, so wie Andächtige Bücher lesen – nicht so sehr, um eine Materie zu erlernen, sondern um auf ein Wort oder einen Satz zu stoßen, der ihre Aufmerksamkeit erregt. So betrachten andere Menschen Frauen, und *deshalb werden nonverbale Symbole zu Waffen.*

Das ist auch der Grund, warum Männer, die sich ihrer weiblichen Charakterzüge bewußt sind, auf vielen Gebieten stärker sind.

Augenzeugen sagen von Golda, Jeanne und Ayn, daß niemand neben ihnen existieren konnte. Sie waren gewaltige Mächte; sie benutzten Waffen, die nur wenige Frauen heute anwenden würden, um ihren Status zu verteidigen.

Der Vogel hat seinen Schnabel, und der Löwe hat seine Klauen. Jeder benutzt, was seiner Natur entspricht. Waffen anzuwenden ist keineswegs ein Terrorakt, wenn man sie nicht überstrapaziert. Und sie nicht zu benutzen ist ebenso verletzend. Eine Stärke, die Sie nicht ausspielen, wirkt zerstörerisch. Nicht ausgedrückte Großzügigkeit verhärtet zu Bitterkeit. Verneinte Intelligenz weicht vom rechten Weg ab.

Gewöhnliche Männer und Frauen benutzen ständig Waffen, aber es sind billige Waffen: der schneidende Humor, Ablehnung, Halbwahrheiten, Geld, Positionen und Forderungen, die unerbittlich sind wie Lawinen. Das ist nicht das Richtige für die Fürstin. Die Waffen einer Fürstin sind grundlegend für ihr Dasein.

II
Erkennen Sie Ihre Schwäche, und erkennen Sie Ihre Stärke

Ihre Schwäche ist Ihre wichtigste Waffe. Die Waffen einer Fürstin sind Teile ihrer selbst, die sie lange verborgen hielt und jetzt zutage treten läßt. Es sind Dinge, von denen sie gelernt hatte, daß man sie verbergen oder sich ihrer schämen muß. Es ist kaum verwunderlich, daß in einer Welt, die sich vor der Macht der Frauen fürchtet, die Stärken der Fürstin in den Qualitäten ruhen, von denen sie sich bisher zu distanzieren suchte. Und in eben den Dingen, die ihre Schwäche verursachen, entdeckt sie die größte Quelle von Energie und Durchhaltekraft. Es kostet nämlich ungeheure Anstrengung, diese Merkmale immer zu unterdrücken.

So werden zum Beispiel Tränen als Zeichen der Schwäche angesehen. In Erfolgsratgebern wird immer darauf hingewiesen, daß eine Frau niemals in der Öffentlichkeit weinen dürfe. Wir belegen unsere Tränen mit Scham, und das, obwohl die griechischen Helden einen Gutteil ihrer Zeit mit Lamentieren verbrachten. »Sie weinten aus Freude wie aus Trauer, und die Tränen flossen wie ein Frühlingsregen.« Sie weinten, weil sie Schreckliches gesehen hatten; aber am meisten weinten sie, eben weil sie es konnten. Sie kannten die Kraft des Ausdrucks.

Mark Twain schrieb, daß Jeanne d'Arc beim geringsten Anlaß weinen konnte; eine Anführerin, die die Hälfte der Zeit weint, ist eine Person, mit der die Menschen ehrlich und offen umgehen können.

Eine Frau, die keine Angst hat zu weinen, die ihre Tränen zeigt, stärkt ihre Gegenwart – für andere und für sich selbst. Gerade weil Tränen eine kraftvolle Waffe sind, wird einem vermittelt, daß man sie zurückhalten solle. Eine Fürstin bat einmal ihren Vorgesetzten, eine Investition zu bewilligen, von der sie glaubte, daß sie notwendig sei. Der Vorgesetzte lehnte ab. Seine Erklärung war, daß sie das, was sie als notwendig bezeichnete, nicht benötigte. Also vereinbarte sie ein Treffen mit ihm.

Sie legte ihre Argumente dar. Er wischte jedes mit einer höchst fadenscheinigen Begründung vom Tisch. Sie bekam das Gefühl, daß er sie so lange argumentieren lassen würde, bis sie erschöpft aufgeben würde. Sie würde dann das Gefühl haben, angehört worden zu sein, und das Treffen glücklich verlassen. Der Gedanke daran machte sie wütend. Es war schließlich nicht irgend jemand, der hier um etwas Außergewöhnliches bat. Sie *war* außergewöhnlich – sie zeigte Verantwortungsgefühl und hatte auch schon Erfolge gehabt –, ja, und sie bat um etwas Besonderes, von dem sie glaubte, daß sie es benötigte, um die Arbeit zu tun, die sie tun wollte. Ihr Vorgesetzter aber behandelte sie einfach wie ein Problem unter vielen. Da begann sie zu weinen. Als die Tränen ihre Wangen herabliefen, saß der Vorgesetzte starr und wie elektrisiert auf seinem Stuhl und stammelte: »Wenn es Ihnen so viel bedeutet, dann werde ich unterschreiben.« Das Treffen war nach dreißig Sekunden vorbei.

Eine Fürstin setzt Tränen aus den folgenden Gründen ein: Wenn Sie sich selbst als besonders erachten, werden andere sich auf Ihre Wünsche und Ihr Selbstgefühl einstellen. Sie werden Sie widerspiegeln. In anderen Zusammenhängen könnten Tränen dumm und wie eine Manipulation wirken. Aber eine Fürstin gibt ihren Einsatz, um einen Krieg zu gewinnen, Schlacht für Schlacht. *Sie erkennt, daß sie immer reicher wird, je mehr sie bekommt, daß sie dafür aber auch immer großzügiger wird.* Wenn Sie das Gefühl haben, zu kurz gekommen zu sein, und sich in einer Welt bewegen, in der Zurückweisungen für Sie an der Tagesordnung sind, dann werden Sie alles genau abmessen, was Sie geben. *Wenn Sie aber hingegen aus der Haltung heraus handeln, daß Sie schon alles haben, was Sie wollen, dann ist Ihre Großzügigkeit mit keinem Opfer verbunden und mühelos.*

Mit Tränen nehmen Sie sich die Freiheit, etwas zu sagen. Die meisten Frauen vertrauen aus Unterwürfigkeit auf Tränen, und sie schämen sich, wenn sie sie gebrauchen. Fürstinnen benutzen sie, weil sie sich über die Spielregeln hinwegsetzen, und nichts verändert ein Spiel schneller als Tränen.

Die Brüste einer Frau sind eine andere Quelle verborgener Macht. Die berühmtesten Frauen, die ihren Körper als Waffe gebrauchten, waren die Amazonen, die im Kampf eine Brust entblößten. Der Anblick einer weiblichen Brustwarze konnte einen Angreifer auf dem Kriegspfad aufhalten. Damit will ich nicht sagen, daß die modernen Kriegerinnen Dekolleté zeigen sollten. Es soll heißen, daß eine weibliche Gegenwart, in feminine Kleidung verpackt, als Waffe gebraucht werden kann, und zwar viel mehr als das männliche Kostüm, das wir heutzutage in den Büros bevorzugen.

Schwimmer bewältigen eine starke Strömung, indem sie gegen das Wasser ankämpfen. Richten Sie Ihren Oberkörper auf ein Problem hin. Stehen Sie gerade. Ihre Brüste entsenden eine kraftvolle Botschaft der Weiblichkeit in den Kampf, und Sie haben eine gute Chance, die Oberhand zu gewinnen. Dies taten 1971 einige Menschen in Indien, als sie für bessere soziale Bedingungen demonstrierten. Die Gruppe, die aus Männern und Frauen bestand, bog um eine Ecke und stand einer großen Menge gegenüber, die offensichtlich die Konfrontation suchte. Ihre Mitglieder kamen mit gezogenen Messern und Stahlstangen auf die Protestierenden zu, die sich für einen Angriff rüsteten.

Da traten plötzlich die Frauen aus der Gruppe hervor und umkreisten die Männer. Ihr Haar und ihre Röcke wurden zu einer dünnen, flatternden Barriere, zu einer Mauer. Sie drehten sich den herankommenden feindseligen Männern zu, forderten sie heraus und trotzen ihnen, indem sie ihnen einfach ihre Aufmerksamkeit und ihre weiblichen Formen zuwendeten. Die Angreifer kamen noch ein paar Schritte heran, zögerten dann und zogen sich schließlich zurück.

Eine andere Fürstin, die in ihrem Beruf als hoch angesehene Medienanalytikerin sehr erfolgreich ist, trägt eine Halskette mit fünf Anhängern: alles, vom Malteserkreuz über die mystische jüdische Hand bis hin zu einem Anhänger mit der ersten Zeile der Genesis, ist dabei. Sie ist in allem sonst sehr zurückhaltend, nur mit dieser Kette nicht. Das ist ihr Zeichen. Wenn die Leute sie danach fragen – und jeder fragt –, erzählt sie zu jedem Talisman eine Geschichte, was er bedeutet und warum sie ihn trägt. Man vermutet, daß sie irgendeinen schweren Schicksalsschlag erlitten hat und daß die Amulette dafür sorgen sollen, daß sich keine weitere Katastrophe ereignet. Auch wenn man das nicht bewußt denkt, umspielt doch ein Hauch von Heldentum diese Anhänger, und ein großes Schicksal lastet auf der Trägerin. Aber was immer man zu erraten meint, es geschieht doch etwas anderes mit diesen Amuletten und ihren Geschichten über sie. Die Fürstin hat sich selbst zum zentralen Punkt gemacht. Ihre Geschichten machen sie für ihre Ziele verantwortlich. Die anderen werden sie nun beachten. Sie hat eine Situation geschaffen, in der sie nicht darauf besteht, angehört zu werden, man *hört sie an*. Katherine Anne Porter kaufte sich den größten Smaragd, den sie bezahlen konnte, als ihre Erzählung »Das Narrenschiff« ein Bestseller wurde. Ihre jungen männlichen Bewunderer konnten ihr nicht mehr die Hand schütteln, ohne fast von ihrem Erfolg verkrüppelt zu werden.

Edelsteine sprechen. Sie drücken eine Wahrheit aus, die tiefer als Worte reicht. Diderot berichtet in einer Fabel von einem Sultan, der wünschte, die Geheimnisse der Frauen kennenzulernen. Der Sultan besorgte sich ein magisches Amulett. Wenn er dieses auf eine Frau richtete, sprach ihr eigener Edelstein – »der ehrlichste Teil von ihr« – die Wahrheit. In Diderots Geschichte ist die Vagina der Juwel (im Französischen ein Wortspiel über *bijou*, was beides bedeutet). Der ehrlichste Teil einer Frau ist ihr Geschlecht; diese »Stimme« zu erheben heißt, etwas zu erobern.

Nur wenige Feinde und nur wenige Lügen können in

der Gegenwart einer Frau bestehen, die ihre uneingeschränkte Weiblichkeit ausdrückt. Wenn die »Edelsteine« in Diderots Geschichte sprechen, versinken Männer, die sich selbst mit großartigen Erzählungen von ihrer Stärke und Verwegenheit hochgeschaukelt hatten, in Schwäche, und die Frauen, direkt und ehrlich, sind die Heldinnen.

Auch Farben haben eine ähnliche Wirkung, sie sind die chemischen Mittel, mit denen man Gefühle von Liebe erschaffen kann. Sie sind machtvolle Attraktionen. Weiß impliziert Stärke, weil es einen Gegner entwaffnet.

Gandhi trug Weiß, Jeanne d'Arc trug Weiß. Es kennzeichnete sie als das Auge im Sturm der Schlacht und somit als furchtlos, uneinnehmbar, über allem – auch über dem Kampf – stehend. Wenn Sie uneinnehmbar aussehen, dann werden die anderen sich scheuen, sie anzugreifen. Weiß ist die Farbe der Möglichkeit. Papier ist weiß, unbemalte Leinwand ist weiß. Wenn Sie in einer Konferenz Weiß tragen, können Sie einen Gegner von seinem Standpunkt und dem Beharren auf seinen Zielen herunterlocken. Negatives Denken und ein verweigerndes Ich-kann-nicht steht dem entgegen. Weiß signalisiert, daß Sie für jede Möglichkeit offen sind. Es vermittelt, daß es in Ihrer Gegenwart keine Probleme oder Hindernisse geben kann. Eine Fürstin erzählte mir, daß bei zwei Gelegenheiten, bei denen sie ganz weiße Kleidung trug, sich zwei starke Männer in sie verliebt hatten. So etwas passiert immer wieder, wenn Weiß im Spiel ist.

Starke Farben haben ungefähr denselben Effekt: Kobaltblau, nicht Türkis; Rot, nicht Bordeaux; Gelb, nicht Senf. Die Standardfarben, die Frauen gern tragen –

Grau, Beige, Pastellfarben –, sind Tarnfarben. Sie vermitteln die Angst und die Unsicherheit der Trägerin und stacheln damit die Aggression des Gegners an. Wenn ein Machtmensch glaubt, Sie seien schwach, dann verachtet er Sie und tut alles, um Sie zu vernichten.

In Gesellschaft geschminkter Frauen wirkt ein ungeschminktes Gesicht manchmal am stärksten. Eleanor Roosevelt trug ihr nacktes Gesicht wie ein Soldat seine Narben. Ihr Gesicht war ihr wahrer Orden. Als sie 34 Jahre alt war, veränderte sich ihr Leben, als sie entdeckte, daß ihr Ehemann Franklin sie mit der Ministerin für Soziales, der sie persönlich vertraute, betrogen hatte. Das war ein doppelter Betrug. Eleanor litt unendlich darunter. Zunächst fuhr sie viele Meilen aus Washington hinaus und verbrachte jede Woche mehrere Tage am Rock Creek Cemetery vor einer Statue von Clover Adams, der Frau von Henry Adams, einer Philosophin und Schriftstellerin des ausgehenden 19. Jahrhunderts. Clover, die zu den ersten Fotografinnen gehörte, hatte entdeckt, daß Henry eine andere Frau liebte. Aus Verzweiflung beging sie Selbstmord, indem sie Entwickler trank. Ihr Ehemann gab die Statue in Auftrag, die zur Erinnerung an sie aufgestellt werden sollte. Sie erhielt den Namen *Trauer*.

In diesem Jahr konnte Eleanor kaum etwas essen, und wenn sie es doch tat, vermochte sie das Essen nur selten bei sich zu behalten. Daraufhin begannen ihre Zähne sich zu lockern, verschoben sich und standen vor. Ihre Trauer schnitt sich für den Rest ihres Lebens in ihr Gesicht ein, und doch wurde es ihr Stolz, die Medaille für einen Wettkampf, in dem sie gesiegt hatte. Für einen Betrachter mußte klar sein, auch wenn er die Hintergründe nicht kannte, daß diesem Gesicht, das so gar nicht ebenmäßig wie andere war, etwas zugestoßen sein mußte. Es war ein mythisches Portrait der Trauer. Niemand von Eleanors sozialer und politischer Stellung mußte so furchtbar aussehen, wenn er es nicht wollte. Aber Eleanor benutzte ihr Aussehen als einen Schild der Stärke, als eine Waffe. Rebecca West sagt, Gesichter sind Marthas, nach der biblischen Frau, die mit Sorgen überladen war; Gesichter sagen alles über den Charakter eines Menschen, da sie so eng mit dem Geist verbunden sind.

Die Stimme schließlich ist die vorrangigste Waffe einer Fürstin. Sie ist, nicht nur was Tonhöhe und Lautstärke angeht, ein vielseitiges Instrument. Ihre Stimme macht – mehr als die Worte selbst – den besonderen Stil ihrer Sprache aus.

Konzentrieren Sie sich auf den Klang und die Formen der Sprache, nicht so sehr auf die Botschaft an sich. Sojourner Truth, die Sklavin, die sich nach dem amerikanischen Bürgerkrieg selbst die Freiheit erkauft hatte, lernte dies in einer bedrohlichen Situation. Auf dem Weg zu einer Unterrichtsstunde wurde sie von einer aufgebrachten Gruppe Schläger angegriffen. Sie hatte die Möglichkeit, entweder wegzulaufen und sich zu verstecken oder zu versuchen, vernünftig mit ihnen zu reden. Wenn sie weglief, würde die Angst, die sie zeigte, den Haß der Leute nur schüren und ihren Angriff noch wütender machen. Wenn sie aber eine ihrer wohlüberlegten Reden hielt, wäre es, als würde sie in einer fremden Sprache zu ihnen sprechen. Schließlich war es auch nicht die Vernunft, die die Leute mit Stöcken und Messern ausgerüstet hatte.

Also tat sie das Ungeheuerliche. Sie ging, ohne sich zu

verstecken, vor den Leuten her und begann mit lauter Stimme zu singen. Die Männer waren schockiert. Sie hatten nur gelernt zu schlagen und nicht, wie man sich gegen ein Lied verteidigt. Sie hielten an und lauschten. Und indem sie zuhörten, wurden sie sanfter. Und je sanfter sie wurden, desto mehr ließen sie sich von dem überzeugen, was Sojourner zu sagen hatte. »Sing weiter, Schwester«, baten sie, »erzähl uns von deinem Leben.«

Eine Fürstin läßt auf verschiedene Arten Stärke und Herrschaft in ihrer Stimme mitklingen:

- *Sie spricht manchmal lauter als gewöhnlich. Lauter zu sprechen bedeutet, lauter zu denken.* Wenn man sich selbst sprechen hört und wenn man sicher sein kann, daß die anderen einen deutlich hören, ist es schwer, Dinge zu sagen, die man nur halbherzig vertritt.
- *Sie benutzt Erklärungen als ständige Waffe.* Das sind Granaten der Effektivität. Eine Erklärung ist ein Versprechen sich selbst gegenüber, ein Befehl an sich selbst: »Ich erkläre, daß ich nicht zulassen werde, daß mein Chef mich noch einmal demütigt.« Ein Statement wie dieses verleiht dem Sprechenden etwas Hypnotisierendes. Wenn eine Fürstin etwas verspricht, dann wird sie es auch einhalten – eher, als andere Dinge, die sie zu sich selbst sagt. Beschlüsse haben nicht dieselbe Kraft wie Erklärungen. Bekenntnisse irgendeiner Art verblassen gegenüber den Mächtigen. Ein Statement wie: »Ich will nicht, daß mein Chef mich noch einmal demütigt«, nutzt der Fürstin gar nichts. Sprechen Sie in Erklärungen – das heißt auch, nach ihnen zu leben –, und die anderen *werden Sie ernst nehmen, weil sie wissen, daß Sie das, was Sie sa-*

gen, auch wirklich meinen. Eine positive Erklärung ist dabei stärker als eine, die negativ ausgedrückt wird: »Ich werde innerhalb der nächsten zehn Monate zu einer Kraft in meinem Geschäft werden, mit der man rechnen muß«, impliziert, daß Ihr Chef dann nicht länger in der Lage sein wird, Sie zu demütigen.

- Eine Fürstin benutzt nur selten *Kommandos*, aber wenn man sie sehr früh in einer Beziehung einsetzt, dann *etablieren sie Ihre Stärke.* Wu Yi, eine harte Kriegerin und Wirtschaftsministerin von China, gab ihrem Gegenüber auf der Seite der USA den Befehl: »Hinsetzen«, als sie ihn zum ersten Mal traf. Völlig konsterniert gehorchte ihr der amerikanische Unterhändler. Von dem Tag an fühlten sich die Amerikaner in Wu Yis Gegenwart unsicher. Sie hatte von Anfang an einen Vorsprung.
- *Eine Fürstin, die verbal angegriffen wird, reagiert niemals auf die Attacke des anderen. Sie antwortet nie direkt.* Das würde sie in die Situation bringen, den Krieg eines anderen führen zu müssen, und das ist immer gleichbedeutend mit einer Niederlage. Eine Unternehmerin berief eine Versammlung ein, um alle auf ein neues Geschäft vorzubereiten. Ihre Geschäftspartnerin hatte andere Pläne. Noch bevor alle Platz genommen hatten, begann sie, die Versammlung zu torpedieren. »Wann wird dieses Projekt abgeschlossen sein?« fragte sie. Das herauszufinden, war Grund des Treffens, aber sie ließ niemanden zu Wort kommen, sondern setzte ihren Dauerbeschuß fort: »Wir haben enge Lieferzeiten einzuhalten, und ich bin nicht sicher, ob Sie es schaffen werden.« Ihre Partnerin in dem Geschäft antwortete: »Es gibt Pläne, wie

wir diesen Problemen begegnen werden.« »Meine Verbindlichkeiten stehen auf dem Spiel«, schoß ihre Widersacherin zurück. »Aber wir werden sie einhalten.« »Es ist hier wohl keinem klar, was passiert, wenn wir sie nicht einhalten.« So ging es immer hin und her. Der Aggressorin ging es mehr darum, ihre Souveränität deutlich zu machen, um größtmögliche Konzessionen herauszuhandeln, und ihre Partnerin nahm jeden Ball auf, reagierte auf diese Angriffe und spie wie ein Maschinengewehr ihr aber-aber-aber aus. Schließlich wurde ihr klar, was da vor sich ging, und sie ging zum Angriff über. »In Ordnung«, sagte sie, »wenn Sie meiner Fähigkeit, rechtzeitig zu liefern, mißtrauen, dann steht es Ihnen frei, sich aus dem Geschäft zurückzuziehen. Tun Sie es ruhig jetzt.« Das war genug. Die Aggressorin verstummte, und alle konnten zur Tagesordnung übergehen.

III
Wie man Männer als Waffen gebraucht

Der Erfolg einer Fürstin beruht nicht darauf, daß es ihr gelingt, Männer aus ihrem Leben zu eliminieren oder sich mit schwachen Männern zu umgeben. Frauen haben oft gemeint, Männer seien ihre Feinde. »Männer sind nutzlos«, behauptete eine Frau mit grimmiger Unabhängigkeit in der Öffentlichkeit. Das ist so, als würde man sagen, daß große Kunstwerke nutzlos seien. Je stärker Frauen in den Genuß von Macht gekommen sind, um so mehr haben diejenigen, die besonders weit voraus waren, gelernt, mit Männern Frieden zu schließen. Das bedeutet, daß man Männer als Verbündete benutzt.

Es gibt zwei Wege, um ein Bündnis mit Männern einzugehen, in dem Ihre eigene Macht nicht beeinträchtigt wird: durch Entmachtung und durch freundschaftliche Rivalität.

In dem Maße, in dem Frauen mehr Macht ersehnen, wünschen sich Männer, weniger Macht zu haben – sie würden dafür tatsächlich riskieren, etwas von ihrer Kontrolle aufzugeben. Das würden sie nicht gegenüber einem anderen Mann tun, aber bei einer Frau. Wenn eine Frau deutlich Verantwortung übernimmt, ihre Fähigkeiten und ihre Geschichte kennt, dann wird ein

Mann ihr dankbar die Bürde seiner Macht zu Füßen legen und dabei wie Atlas, der die Welt von seinen Schultern nehmen darf, erleichtert aufatmen.

Das wird deutlich, wenn man den grundlegenden Konflikt zwischen Männern und Frauen erkennt: Männer haben Angst vor Frauen. Manche Männer begrüßen diese Angst, da sie sie wachsam hält.

Eine Fürstin begreift, daß diese Angst und die Trauer der Frauen darüber nie abgelegt oder geheilt werden können. Also benutzt sie sie. Sie versucht, durch ihr Verhalten darüber hinwegzukommen. Wenn die Angst einmal im Raum steht, bemüht sie sich, ihre Energie in eine Stärke für beide Seiten umzuwandeln.

Eine Fürstin bemerkt, daß der Platz neben einer machtvollen Person in Konferenzen oft leer bleibt. Sie nimmt diesen Platz ein, nicht in engem Kontakt, aber doch nah genug, um den anderen aus dem Spiel zu werfen und von der routinemäßigen Art zu denken und sich zu verhalten abzubringen. Erinnern Sie sich an Inanna. Eine Fürstin hält nichts davon, einen Mann auf Kosten ihrer eigenen Macht zu unterstützen. Sie läßt ihn wissen, daß sie ihn durchschaut, trotz seiner teuren Schuhe und seines maßgeschneiderten Anzugs.

Als eine Fürstin den millionenschweren Inhaber einer großen Sportfirma kennenlernte, der Spieler vom Format riesiger Bullen herumkommandierte, brachte sie ihn völlig durcheinander, als sie sich neben ihn setzte. Seine Füße begannen auf und ab zu schwingen wie Metronome, und seine Hände wurden Teil seiner Rede, als hätte er jegliches Selbstvertrauen verloren. Alles, was sie tat, war, neben ihm auf dem Sofa zu sitzen und ihn direkt anzuschauen, während er sprach. Sie benutzte die Waffe ihres Körpers auf diese kurze Entfernung nur, um ihn zu entwaffnen – um ihn aufzurütteln, auf eine Art und Weise, wie es die anderen Männer, die für ihn wie offene Bücher waren, nicht konnten. Ihre Nähe korrespondierte mit der Spannung ihres absolut professionellen und intelligenten Auftretens. Hier ging es nicht darum, ihn zu ködern – ganz im Gegenteil. Aber er würde sich ihrer vor allem als jemanden erinnern, der stark genug war, um sich neben ihn zu setzen, während die anderen Männer im Raum in respektvoller, doch furchtsamer Entfernung von ihm Schutz suchten.

Die Fürstin, die eine freundschaftliche Rivalin ist, weiß, daß das Ausspielen männlicher Stärke die Aufmerksamkeit auf beide Parteien lenkt. An Jackie Onassis erinnert man sich heute wegen der Männer in ihrem Leben. Wäre Simone de Beauvoir ebenso beachtet, wie sie es ist, wenn sie nicht mit Jean-Paul Sartre zusammengewesen wäre? Oder Eleanor nicht mit Franklin? Oder Hillary nicht mit Bill Clinton? Wir leben immer noch in einer Männerwelt, und jede freundschaftliche Rivalität, die sie erringen können, wird als machtvolle Waffe ihren Zielen dienen.

Denken Sie immer daran: *Fordern Sie alles*. Dies ist in jeder Situation höchst effektiv. Wer verhandelt, sucht immer nach einen gemeinsamen Nenner und erwartet von jeder Seite Kompromisse. Eine Fürstin verschiebt die Position des anderen so, daß ihre Pläne vorrangig bleiben. Die Gegenseite weiß, daß sie zwar eine Niederlage erlitten hat, aber Größeres gewinnen wird. Deshalb wird ein guter Unterhändler immer eine Sache möglich erscheinen lassen und der Gegenseite das Gefühl geben, sie sei schon halb dort. *Eine Fürstin hingegen wird eine*

Sache immer möglichst groß erscheinen lassen, um an die heroischen Instinkte und Stärken der anderen zu appellieren. Sie weiß, daß die Menschen sich lieber großen Aufgaben widmen als kleinen, und sie macht die Aufgabe größer und steigert die Kraft der anderen, indem sie alles fordert.

Haben Sie keine Angst vor einem Nein. Geben Sie anderen die Möglichkeit, nein zu Ihnen zu sagen. Wenn sie es oft genug tun, werden sie sich verpflichtet fühlen, Ihnen zum Ausgleich mit einem Ja entgegenzukommen.

Fordern Sie alles, denn weniger ist nichts wert. Die Menschen sind freigiebiger, wenn Ihre Forderung ihnen das Gefühl vermittelt, heroisch zu sein. Wer wenig verlangt, gibt dem Fordernden und dem Geforderten das Gefühl, klein zu sein. Alle Menschen fühlen sich zu großen Ideen und Abenteuern mehr hingezogen als zu kleinen.

Golda Meir forderte alles, indem sie die Probleme Israels zu ihren eigenen machte. Als sie versuchte, Geld für den Unabhängigkeitskrieg zu sammeln, gab sie ihren Erzählungen von den Bedürfnissen und Sehnsüchten Israels eine persönliche Note, indem sie von Gesprächen mit bestimmten Soldaten berichtete und nicht abstrakt von »Truppen« oder »Nummern« oder politischen Ideologien sprach. Zuhörer, die von Ihrer Geschichte gefangen sind, werden Sie nicht fallenlassen, denn sie eignen sich Ihre Probleme an. »Man gewinnt einen Krieg«, sagte Golda, »indem man ihn nicht zu seinem eigenen, sondern zum Krieg eines jeden macht.«

Melanie Klein machte den großen Dr. Freud zu ihrem starken, wenn auch unwissenden Verbündeten, um ihre Macht aufzubauen. Kein Geringerer sollte ihr Helfer sein. Sie hatte bei ihm studiert und war ihm in früheren Zeiten sehr ergeben gewesen, bis ihr klar wurde, daß sie selbst weiter kommen würde als ihr freundschaftlicher Feind.

Aber sie tat etwas Klügeres, als nur mit seiner Philosophie zu brechen. Sie errichtete eine familiäre Gegnerschaft zwischen sich und Freuds Tochter Anna. Sie begann, ihrer beider Ideen zu kritisieren und seine Größe zu ehren – so benutzte sie auf strategische Weise die Spannung. Daraufhin begannen ihre Kollegen fieberhaft zu streiten. Einige traten für Anna Freud ein, andere für Melanie Klein. Die Verteidigungslinien wurden gezogen. Man konnte sie nicht aus der Psychoanalyse hinausdrängen. Statt dessen verstärkte man ihre Opposition, indem man einen Proteststurm gegen sie entfachte. Das Ergebnis war, daß Melanie Klein in ganz Europa bekannt wurde, und das nicht nur wegen der Kontroverse, die sie veranlaßt hatte sondern wegen ihrer Ideen. Klein zog großen Nutzen aus dem Streit, aber auch Anna Freud profitierte davon. Beide konnten so ihre Ideen zu internationaler Bekanntheit bringen.

Mary Lindell, eine britische Spionin, die im Zweiten Weltkrieg täglich ihr Leben auf Spiel setzte und durch ihre gefährliche Arbeit im Untergrund Hunderte von alliierten Soldaten vor dem Tod bewahrte, wurde eines Tages gefangengenommen. Auf dem Weg ins Gefängnis wurde sie von ihrem Bewacher, einem Nazi, gefragt: »Wie ist es möglich, daß eine kluge Frau wie Sie gefaßt wurde?« Sie antwortete: »Ich habe festgestellt, daß eine törichte Frau einen klugen Mann beherrschen kann. Sie kann ihn dazu bringen, ihr Kleider, gutes Essen und alles mögliche zu kaufen.« Daraufhin schaute sie ihrem Feind direkt in die Augen. »Aber wenn eine törichte Frau einen klugen Mann beherrschen kann, dann ist eine sehr kluge Frau vonnöten, um einen törichten Mann zu beherrschen.« Nichts vermochte Mary Lindell aufzuhalten, außer vielleicht ihr Alter. Einmal festgenommen und von einem Nazi-Gericht verurteilt, wurde sie in Einzelhaft genommen, in ein Konzentrationslager geschickt, befreit, angeschossen, geschlagen – und doch überlebte sie all diese Schrecken.

Ein Feind ist ein Dummkopf, und eine Fürstin muß ihre Waffen und ihre Strategie klug und wissend auswählen. Sie darf nichts der Unwissenheit oder ihrer eigenen Unaufmerksamkeit überlassen.

IV
Das Beispiel der polnischen Generalissimas

Die »andere Frau« ist ein Archetyp für Angst – vor allem im Krieg, wo sie die beste Waffe ist, die man für Loyalität bekommen kann.

Frauen sabotieren Frauen – das ist die landläufige Meinung. Und es ist ein Grund dafür, warum Frauen niemals in anderen Frauen die Waffen für ihren eigenen Kampf sehen. Freundinnen, ja; Beraterinnen, ja. Aber in einem Kampf rechnen Frauen nie damit, daß ihnen andere Frauen zu Hilfe kommen; sie trauen ihnen allenfalls zu, daß sie einen Mann stärken, Lob unterdrücken oder irgend etwas Wertvolles einfach ruinieren.

Eine Frau, die einen hohen Posten in einer bedeutenden Firma im Silicon Valley innehat, gab zu, daß sie alles tut, um Frauen klein zu halten. »Es gibt in meiner Firma vielleicht zwei freie Stellen als Vizepräsident, die von weiblichen Managern eingenommen werden dürfen. Glauben Sie, daß ich einer anderen Frau helfen werde, die mir dann eine dieser Stellen wegnehmen könnte?« In den Naturwissenschaften gibt es sogar einen Namen für dieses Manöver, wo die eigenen Jungen gefressen werden oder ein Tier sich nur um das eigene Wohl bemüht: das Red-Queen-Syndrom. Das funktioniert so: Ein Löwe, der eine Herde von Antilopen jagt, braucht nur ein Tier zu reißen. Solange ein Tier in der Herde schwach und langsam ist, müssen die anderen nicht so schnell fliehen, vor allem wenn sie dafür sorgen können, daß das schwächste ganz hinten bleibt. Solange Frauen ihr Spiel als klein und begrenzt ansehen, werden sie gegeneinander kämpfen oder einander ausliefern, um den großen Jäger zu befriedigen.

Aber Frauen müßten das einander nicht antun, wenn sie sich in einem größeren Spiel um Liebe und Krieg zusammentäten.

Wenn es darum geht, das Spiel zu verändern, können Frauen anderen eine kraftvolle Waffe sein. Zwei Frauen in der Hierarchie der polnischen Revolutionäre machten diese Idee legendär. Beide erkannten, daß sie schneller vorwärtskommen würden, wenn sie gegenseitig ihre Karrieren vorantrieben. Wenn also Tereza zu einer Abendeinladung ging, prahlte sie mit den Erfolgen von Agnes, nicht mit denen ihres Ehemannes. Wenn Agnes bei einer Versammlung auftauchte, schlug sie Tereza für einen Job vor, der vergeben werden sollte. Sie wurden als die »polnischen Generalissimas« berühmt. Innerhalb ihres Zirkels erhielt jede der beiden Frauen ein immer größeres Ansehen, weil sie von der anderen ständig erwähnt wurde. Ihre Kollegen nahmen den Faden sogleich auf, indem sie einander sagten: »Wie ich hörte, hat Tereza das bereits erprobt.« Oder: »Agnes hat dieses Problem auf wunderbare Weise gelöst ...« Beide Frauen wurden zur gleichen Zeit auf eine hohe Position befördert.

In den deutschen Konzentrationslagern wurden Frauen von ihren Bewachern gewöhnlich in Fünfergruppen eingeteilt. Die engen Bande, die diese fünf untereinander knüpften, waren einer der Gründe, warum mehr Frauen das Lagersystem überlebten als Männer. Sie verhielten sich zueinander wie Mütter, Schwestern und Töchter und stärkten gegenseitig ihren Überlebenswillen. Den Männern, die ohne organisierte Bruderschaften auf sich allein gestellt waren, erging es oft viel schlechter.

Die Geschichte von Erna Rubinstein ist einzigartig. Als es kein Essen und kein Wasser gab und ihr Mund ausgetrocknet war, daß sie nicht einmal mehr schlucken konnte, geriet sie in Panik. Da nahm die älteste in ihrer Fünferschaft, ihre Freundin Anna, sie in den Arm, erweckte aber den Eindruck, als würde sie, Anna, die Unterstützung brauchen. Anna erzählte Erna Geschichten von ihrem Sohn, der in einem anderen Lager war. Sie erzählte, wie tapfer und schön er sei und beschrieb bis hin zum letzten Körnchen Salz die Mahlzeiten, die sie ihm zu kochen pflegte. Erna konnte die Suppe fast riechen, das machte ihren Mund wäßrig. Die alte Frau sagte, daß sie Erna retten müsse, denn eines Tages würde sie ihren Sohn heiraten und die Mutter seiner Kinder werden.

Jeder wußte, daß dies unmöglich war. Der Sohn der Frau war ermordet worden; seine Kleidung und seine Papiere waren ihr geschickt worden, und sie bewahrte sie in einem Karton unter ihrer Pritsche auf. Sie beharrte jedoch darauf, daß die Nazis ihr diese Dinge nur gegeben hatten, um sie zu zerstören; ihr Sohn sei nicht tot. Anna hielt bis zur Befreiung der Lager durch, dann starb sie. Als Erna sich von ihrem Trauma erholt hatte, bekleidete sie nach dem Krieg ein hohes Amt im Rehabilitationswesen. Eines Tages besichtigte sie ein neues Krankenhaus und hörte dort von einem Arzt, der Arbeit suchte. Sie traf sich mit ihm, fand ihn qualifiziert und verschaffte ihm eine Stelle in ihrem Krankenhaus. Sie verbrachten einige Zeit zusammen, verliebten sich und heirateten. Da erst verriet er ihr die Einzelheiten aus seiner Vergangenheit. Er erzählte, wie er es geschafft hatte, dem sicheren Tod im Konzentrationslager zu entkommen. Er war sicher, daß seine Eltern ums Leben gekommen seien, und als er ihr seine Mutter beschrieb, erkannte Erna, daß es die »Mutter« ihrer Fünferschaft gewesen war, die Frau, die Erna für dieses schicksalhafte Zusammentreffen am Leben erhalten hatte.

Wenn Sie sich bemühen, falsche Hindernisse, wie etwa die Angst vor dem Erfolg einer anderen, zu umgehen, so wie es die polnischen Generalissimas taten oder die Schwestern im Konzentrationslager tun mußten, dann werden Sie feststellen, daß die stärksten Waffen überhaupt die Menschen sind, die mit Ihnen im selben Boot sitzen.

Epilog: Die Strategie für einen wilden Frieden

Mein Herz ist wie eine chinesische Vase;
es hat viele Risse, aber es bricht nie.
Gypsy Rose Lee

Ich kann Sie nicht Ihre Studien über den Krieg beenden lassen, ohne Ihnen einen Blick auf den Frieden zu gönnen. Andernfalls würden Sie auf der Suche nach dem wahren Frieden einem seiner Trugbilder oder schlechten Kopien anheimfallen. Sie würden annehmen, Friede werde aus einem Sieg oder einer Niederlage geboren. Sie würden den Frieden mit seiner Schwester, der Stille, verwechseln. Womöglich würden Sie glauben, was Buddha sagt, nämlich daß man Frieden nur erlangt, wenn man seine Sehnsüchte einschränkt und sein Handeln zur Ruhe kommen läßt. Friede, so singen die Chöre, ist der Löwe, der neben dem Lamm ruht. Solche Definitionen hätten mich fast zu der Überzeugung gebracht, daß Friede anstrengender sei als Krieg. Fürstinnen leben für die Aufregung, für das Spannende – kann ich das eine tun, kann mir das andere gelingen? Sie wollen ihre Löwennatur nicht aufgeben – es langweilt sie, neben Lämmern zu liegen!

Friede ist für die Fürstin etwas anderes: Es ist Ruhe, Furchtlosigkeit und Freiheit – zur gleichen Zeit.

Das war mir nicht klar, als ich anfing, in den Biographien großer Frauen nach Geschichten vom Frieden zu suchen. Gewöhnlich blätterte ich ans Ende des Buches, weil ich dachte, daß der Friede wohl einträte, wenn diese Frauen begriffen, daß es nichts mehr gab, wofür sie kämpfen konnten.

Ich fand ihn dort nie. Am Ende ihrer Geschichten fand ich immer nur Resignation.

In Märchen und Mythen kommen Friede, Ruhe und Resignation mit dem Tod, wenn der Kampf oder die Notwendigkeit zu kämpfen völlig aufgegeben werden. Medusa fällt, nachdem Perseus sie enthauptet hat, auf den Strand. Der Blick, der töten konnte, und das Haar aus Schlangen, die sie zu einer gefürchteten Kriegerin machten, kommen mit dem friedlichen Wasser in Berührung. In diesem Moment wird ihr Haar zu einer rosafarbenen Koralle. Die Botschaft lautet, daß Medusa, als sie zur Ruhe kommt, zu immerwährender Schönheit gelangt. Lady Macbeth, eine andere nicht aufzuhaltende Furie, findet im Leben keinen Frieden; statt dessen muß sie den Weg zum Tod schlafwandlerisch zurücklegen.

Aufgeben, einen Waffenstillstand eingehen, einen Ort der Ruhe und Bequemlichkeit finden – das ist nicht gleichbedeutend mit Frieden. Im Leben einer Fürstin liegen die Dinge anders. *Friede entsteht immer wieder, mitten im Geschehen.* Eine Fürstin im Frieden ist das Auge des Orkans. Ihre Kunst besteht darin, daß sie diese Momente entdecken und bewahren kann; sie weiß, daß sie nicht ewig währen, daß sie aber wiederkehren werden.

Friede bedeutet nicht die Abwesenheit von Krieg. Friede ist der Augenblick zwischen Schlachten und durch diese auch definiert. Er ist getrennt vom Krieg zu betrachten. *Der Friede, der eine Fürstin gedeihen läßt, ist ein »wilder Friede«.* Es ist das Gefühl, das Sie nach einer großen Erregung im Herzen tragen: das Gefühl des Überdrusses oder der Sicherheit, wenn alle Sorgen der Welt von Ihnen abfallen und die Schönheit wie ein müder weißer Dunst aufsteigt, um ihren Platz einzunehmen. Es ist die Ruhe nach der Anstrengung. Friede entsteht mitten im Kampf. Isadora Duncan, die wie ein Derwisch auf der Bühne umherwirbelte, kannte den Frieden. Wenn sie Pause hatte und nicht auf der Bühne stand, quälte sie sich ständig, indem sie sich zu größerer Perfektion und neuen Erfolgen antrieb. In voller Bewegung jedoch fand sie Frieden. Ihre Kriege beförderten sie auf die Bühne von Frankreichs großem Theater, wo sie die Gelegenheit erhielt, ihre Kunst darzustellen. Dian Fossey lag voller Erregung im Schlamm des feuchtwarmen Dschungels, von giftigen Insekten umgeben, und streckte eine Hand nach dem Affen aus, den sie Peanuts nannte – der erste Kontakt eines Menschen mit einem großen Ahnen. Das ist Friede. Es ist ein Moment der Erfülltheit, in dem Sie den Wert dessen empfinden, wofür Sie gekämpft haben. Das ist Friede als ein Zeichen der Freude, ebenso wie Ruhe, Furchtlosigkeit und Freiheit.

Alle diese Augenblicke – für Dian, für Isadora, für alle Fürstinnen – enthalten eine verborgene Botschaft, in der eine Frau mitteilt, was sie nicht will. Die Ballerina Suzanne Farrell verliebte sich in ihren Lehrer George Balanchine, entschied sich aber dafür, nicht mit ihm zu schlafen. Sie sagte: »Unsere einzigartige Beziehung war uns beiden oft bewußt, und sie hätte eine Vollendung vielleicht nicht überstanden. Für viele Menschen ist die physische Seite der Liebe von ungeheurer Bedeutung, aber für uns war das nicht so. Unser Austausch war durchaus physisch, aber er drückte sich in Tanz aus.« Der Kritiker Roger Shattuck vergleicht, was Farrell sagt, mit dem Gefühl, das er hat, wenn er nachts einen Stern beobachtet: »Man darf ihn nicht direkt ansehen, sondern muß ein wenig neben ihn schauen.« Friede bedeutet nicht, nein zu sagen; Verweigerungen bringen nur Bequemlichkeit, und das ist ein falscher Friede. Friede heißt, zu begreifen, was man nicht will; es heißt, ein wenig neben das Ziel zu schauen.

Friede bedeutet nicht, daß man seine Sehnsüchte reduziert, sondern daß man sie auf eine besondere Weise wertschätzt. Wenn es um Sehnsüchte geht, neigen Frauen wie Junkies dazu, zwischen Extremen hin und her zu springen. Sie kämpfen mit allen Mitteln, oder sie nehmen ihre Siege nicht an. In jedem Fall finden sie im Erfolg wenig Frieden. Der Friede, der die großen Möglichkeiten eröffnet, ist ein wilder Friede. Weil es nur wenig Beispiele dafür in den Geschichten der Fürstinnen gibt, möchte ich eine andere erzählen, wo es um Frieden im Herzen des Krieges geht. Sie hat mich immer am meisten beeindruckt. Es ist die Geschichte eines Soldaten.

Ich fühlte mich zu diesem Soldaten hingezogen wegen vier Wörtern, die immer noch in meinem Kopf widerhallen: »Epiktet, hier komme ich.« Der Soldat sagte diese Worte, als er aus seinem brennenden Jagdbomber kletterte und sich in das begab, was eine zehn Jahre währende Geschichte des Leidens, der Erniedrigung und der Qual als Kriegsgefangener in Nord-Vietnam werden würde. Warum fiel er in die Arme des Epiktet, *als hätte er es darauf angelegt,* als würde er pünktlich zu einem versprochenen Rendezvous erscheinen? »Epiktet, hier komme ich« klingt wie ein lang verabredetes Treffen. Es sind seltsame Worte, von einem Kämpfer geäußert, der nun den erniedrigendsten Teil seiner Ausbildung durchmachen mußte, der ihm bisher vorenthalten worden war, und den er im Erfolg auch nicht kennenlernen konnte. Friede war das Spezialgebiet des Epiktet.

Nahezu ein Jahrzehnt nach seiner Befreiung begrüßte mich der Soldat an der Tür seines Büros. Er setzte sich schnell und drückte das Bein, das von seinen Folterern häufiger gebrochen worden war als eine Ming Vase, wie die Pietà den sterbenden Sohn an sich. Er konnte mich hören, als ich ihm Fragen zurief – wie seine Folterer, dachte ich –, er selbst jedoch sprach im Flüsterton.

Er nahm mich mit auf eine Reise in die Vergangenheit. Er berichtete mir, wie innerhalb einer Minute aus dem Befehlshaber einer Luftflotte, die über die Baumkronen hinwegraste, um eine Straßenkreuzung zu bombardieren, ein Jemand ohne Zukunft geworden war. Da war er nun, 10.000 Meter über der Erde, im Anflug auf ein Ziel dort unten, als plötzlich eine riesige Schnellfeuerwaffe, die am Tag vorher noch nicht dort gewesen war, ihn vom Himmel holte. Sein Leben veränderte sich augenblicklich vom König all dessen, was er als Pilot übersah, zur niedrigsten Form des Daseins in Nord-Vietnam. Vom Erfolg zum größten Scheitern, möchte ich sagen. Aber das ist überhaupt nicht die Geschichte. *Er verwandelte sich von einem, der Siege sammelt, zu einem, der ein Leben führt, in dem Siegen ein natürlicher Zustand ist* – ein Leben, das in Ruhe, Furchtlosigkeit und Freiheit mündete.

Er tat dies auf befremdliche Weise, nämlich indem er

vom männlichen Zustand, alles zu kontrollieren, in den weiblichen Zustand der geringen Kontrolle überwechselte. Nur wenige Männer erkennen die Grenzen ihrer Freiheit bei der Arbeit, im Denken oder in ihren Forderungen. Dieser Soldat lernte, was es heißt, weiblich zu sein – auf eine gewisse Weise – machtlos.

Im Augenblick seiner Gefangennahme hatte er sein Schicksal noch unter Kontrolle. Er meinte, die Liebe sicher zu haben: Er war mit einer schönen, ihm ergebenen Frau verheiratet. Er hatte wunderbare Kinder. Er meinte, seine Stellung im Leben zu kontrollieren: Er war vielfach ausgezeichnet und auf dem Weg zu einer Karriere, die ihn weit bringen würde. Jetzt hatte er plötzlich nichts mehr unter Kontrolle.

Epiktet, nach dem er rief, hatte viele Jahrhunderte vor ihm als Sklave gelebt. Obgleich er ein Sklave war und unter der Herrschaft seines Besitzers stand, hatte er sich doch selbst beigebracht, wie er geistig und seelisch frei sein konnte. Er fand den Frieden schlechthin auf der Erde. Die Gedanken des Epiktet wurden bei den Menschen sehr beliebt, die alles hatten – jede Freiheit, alles Geld und alle Macht der Welt – und die dennoch trotz aller ihrer Besitztümer keinen Frieden fanden. Der Herrscher Marc Aurel lernte die Sprüche des Epiktet auswendig. Man bezeichnet die Lehre heute als Stoizismus. Stoiker lassen sich von nichts aufregen. Ihr Gefühl von Frieden macht eine tiefe Umwälzung in ihrem Leben unmöglich. Als ein junger Offizier hatte unser Held die Schriften des Epiktet gelesen und war von ihrer Schönheit und Tiefe beeindruckt gewesen. Während seiner ganzen Ausbildung in der Kriegskunst hatte er jedoch nie die Gelegenheit gehabt, die Weisheit des Epiktet zu praktizieren, bis jetzt, bis zu diesem Rendezvous mit dem Schicksal.

Konnte er als Gefangener von den Leiden einer alleinerziehenden Mutter, die in einem furchtbaren Job gefangen ist und keine Hoffnung auf Besserung hat, wissen? Konnte er wissen, wie sich eine Frau fühlt, deren Geliebter weggeht und sie mit ihren Ängsten vor der Einsamkeit allein läßt? Konnte er wie Eltern fühlen, die in das Gesicht ihres todkranken Kindes starren? Oder wie eine Managerin, die alles bekommt – Beförderung, Liebe – und sich dann fragt, ob das schon alles ist? Indem dieser Soldat den Frieden erlernte, tat er es für alle diese Frauen.

Die Strategie des Epiktet für den Frieden, für die es unser tapferer Soldat wert erachtete zu sterben, ist einer der einfachsten und effektivsten Wege, einen Frieden zu erlangen, der Sie mitten im Geschehen läßt und Sie nicht hermetisch abriegelt:

1. *Erkennen Sie den Unterschied zwischen dem, was in Ihrer Macht steht, und dem, was nicht in Ihrer Macht steht.*

»Wenn du ernsthaft suchst, was dir nicht gehört, dann verlierst du, was dir gehört«, schrieb Epiktet. Wenn Sie also mit anderen Worten Ihr Herz an Ihre Gesundheit, Ihre Liebe, Ihre Freude und Ihre Karriere hängen, dann werden Sie nicht glücklich werden. Keines dieser Dinge steht wirklich in Ihrer Macht. Wenn Sie sich nach diesen Dingen richten, werden Sie vom Feind gefangen sein, ob nun als Kriegsgefangener in einem Lager oder in den Armen der falschen Person oder in einer Umgebung, die von einem böswilligen Chef beherrscht wird.

Aber Sie können auch nicht zu sich selbst sagen: »Also gut, diese Dinge bedeuten mir nichts. Es ist mir egal, wie sich mein Geliebter mir gegenüber benimmt, meine Gesundheit oder meine finanziellen Verhältnisse sind mir gleichgültig. Schließlich stehen diese Dinge nicht in meiner Macht.« Sie können das, was Ihnen etwas bedeutet, nicht einfach unterdrücken. Sie können Ihre Sehnsüchte eben nicht, wie die Buddhisten es empfehlen, ausradieren. Sie müssen eine andere Beziehung zu diesen Dingen aufbauen.

2. *Sie müssen die Dinge, die Ihnen etwas bedeuten, wollen, sie ersehnen und Strategien entwerfen, um sie zu bekommen – aber nehmen Sie sie niemals ernst.*
Machen Sie ein Spiel daraus, diese Dinge zu bekommen, spielen Sie ernsthaft, als ob das Spiel ein Kriegsspiel wäre. Aber wenn der Krieg zu Ende ist und Sie Ihre Strategien angewendet haben, müssen Sie lernen, eben diese Dinge, die Sie sich wünschen, *gleichgültig* zu behandeln.

3. *Um wertvolle Dinge gleichgültig zu behandeln, müssen Sie die Natur aller Spiele, auch der Kriegsspiele, durchschauen können.*
Der Soldat stellt den Vergleich zu einem Tennisspiel an. Der ganze Nachmittag kann einem Tennisball gewidmet sein. Sie schlagen den Ball hierhin und dorthin. Sie benutzen dieses Ding, diesen Ball. Aber niemand schert sich noch um den Ball, wenn das Spiel vorüber ist. Er bleibt auf dem Spielfeld liegen, bis ihn einer der Spieler aufnimmt und in die Kiste mit ausgedienten Bällen wirft. Dieser Ball bedeutet demjenigen, der doch den

ganzen Nachmittag lang damit gespielt hat, überhaupt nichts.

So muß man auch die Dinge behandeln, die man am meisten wertschätzt – die Gesundheit, die Liebe, den prestigeträchtigen Job: gleichgültig. Spielen Sie damit, kämpfen Sie dafür – das sind Ihre Tennisbälle –, aber *verinnerlichen Sie keines dieser Dinge.* Rechnen Sie nicht damit, denn sonst machen Sie sich zur Sklavin Ihrer Wünsche. Verlassen Sie sich nicht auf das Versprechen Ihres Liebhabers, daß er immer bei Ihnen bleiben wird. Rechnen Sie nicht fest damit, daß Sie morgen noch Ihren Job haben werden. Kämpfen Sie dafür, aber seien Sie bereit, Ihre Vorstellung von einem perfekten Job in die Kiste mit ausgedienten »Bällen« zu werfen und wegzugehen. Verlassen Sie sich nicht darauf, daß Ihre Vision oder eine Fähigkeit, die Sie besitzen, immer so unwiderstehlich sein wird wie heute.

»Herr über dich ist der«, sagt Epiktet, »der das in seiner Macht hat, worauf du dein Herz gesetzt hast oder was du zu umgehen wünschst.«

4. *Fragen Sie sich selbst: Habe ich mich von diesen Dingen in die Falle locken lassen? Habe ich dafür gekämpft, sie gewonnen und glaube ich nun, daß sie mir gehören? Wenn das so ist, dann wird das Gewonnene mir weder Frieden noch Freude bringen.*
Der Soldat erklärt, wie Sehnsüchte im Kriegsgefangenenlager funktionierten: »Der Mann, der uns im Lager befragte, hatte vor allem eine Aufgabe, nämlich den Gefangenen ›an die Angel‹ zu bekommen, indem er ihn dazu brachte, sein Herz an etwas zu hängen, was seine Folterer unter Kontrolle hatten. Wenn er zu mir sagte:

›Willst du Wasser?‹, antwortete ich nicht: ›Ja!‹ und auch nicht: ›Nein!‹ Ich lernte zu sagen: ›Das hängt von Ihnen ab.‹ Auf diese Weise kann man sich aus Ärger und Verwicklungen heraushalten. Wenn man das wirklich gut beherrscht, kann man an einen Punkt gelangen, wo niemand einen mehr verletzen kann, ohne daß man es zuläßt.«

Stellen Sie sich vor, was es bedeutet, Wasser gleichgültig zu behandeln, wenn es im brennend heißen Dschungel nur teelöffelweise und wie zufällig ausgegeben wird. Was gibt es, was für die Fürstin so lebenswichtig ist wie dieses Wasser? Das Lächeln ihres Kindes, die Zustimmung ihrer Mutter, das Lob ihres Chefs? Vielleicht dürstet sie nach diesen Dingen, aber sie sagt jedesmal zu sich selbst: »Es hängt von ihnen ab. Ihre Reaktionen stehen nicht in meiner Macht. Ich kann mir ihre Gunst nicht erkaufen. Ich kann wie verrückt in diesem Job arbeiten, aber wenn ich das nur tue, um eine gute Note zu bekommen, dann werde ich enttäuscht werden. Ich kann die Strategien anwenden, ich kann mich entsprechend der achtzehn Taktiken verhalten, aber obwohl diese mir die besten Chancen auf einen Sieg ermöglichen, kann ich dennoch nicht damit rechnen, daß ich voll und ganz das bekomme, was ich ersehne. In dem Moment, wo ich glaube, die Reaktionen anderer beeinflussen zu können, um meinen Sieg abzusichern, haben sie mich an der Angel, und ich werde zu ihrer Gefangenen. Denn indem ich sage, daß ich die Gunst der anderen gewonnen habe, mache ich mich auch für ihre ungünstigen Stimmungen verantwortlich. Und ist das einmal geschehen, dann bin ich auf immer ihre Gefangene, ganz gleich, wie ich mich bemühe oder wie gut meine Arbeit ist.«

5. *Wenn Sie versuchen, etwas zu kontrollieren, das nicht Ihnen gehört, dann verlieren Sie das, was Ihnen gehört.* Sie müssen begreifen, daß Sie außer Ihren Empfindungen nichts kontrollieren. Nichts kann Sie verletzen, wenn Sie ihm nicht die Macht erteilen, es zu tun.

Sie werden es bereuen, wenn Sie Ihr Herz an Ihre Karriere, Ihre Zufriedenheit oder Ihr Glück hängen. Ihre Sicht einer Situation ist das, was Ihnen gehört.

Wenn Ihre Gesundheit nachläßt, wenn Ihr Liebhaber Sie kränkt, wenn ein Chef mit Ihnen redet, wie man mit anderen Menschen einfach nicht reden sollte, dann müssen Sie versuchen, Ihre Mitte zu finden. Wenn Sie aus dem Urlaub zurückkommen und eine Nachricht Ihres Chefs vorfinden, die »DRINGEND« schreit, dann haben Sie die Wahl. Sie können alles fallenlassen, auch Ihre Gelassenheit, und sich in die Katastrophe stürzen. Oder Sie reagieren auf diesen störenden Befehl auf Ihre Weise. Wenn Ihre Mutter den dritten Tag hintereinander eine »dringende« Nachricht für Sie hinterläßt oder wenn ein Kunde ohne Termin bei Ihnen hereinplatzt, dann können Sie ihnen entweder Ihren Führerschein – am besten zusammen mit dem Lenkrad – abtreten oder Sie können klarstellen, wohin die Reise geht. Solange Sie sich von »dringend« nicht einschüchtern oder von der übertriebenen Dramatik von »DRINGEND« nicht gefangennehmen lassen, werden Ihr Chef, Ihre Mutter oder Ihr Kunde keine Macht über Sie haben; sie können die Erholung Ihres Urlaubs oder Ihre Ausgeglichenheit nicht zerstören. Und wenn die anderen begreifen, daß Sie nicht an die Angel zu bekommen sind, sind Sie nicht nur frei, sondern dann werden diese Leute auch nicht versuchen, Sie zu ködern.

»Was sind die Tragödien anderes als die Darstellung in tragischen Versen von den Leiden der Menschen, die Dinge begehrt haben, die außerhalb ihrer Kräfte lagen«, sagte Epiktet. Lear, der schmeichlerische Demonstrationen der Liebe wollte; Lady Macbeth, die den schottischen Thron mit ihrem Ehemann teilen wollte und keine Ruhe gab, bis sie dort war – sie wollten Dinge, die »außerhalb« lagen. Tragische Figuren kommen dem, was sie ersehnen – Königreiche, Ergebenheit, eine Blitzkarriere –, vielleicht recht nahe, aber sie werden durch das Gewonnene nie Frieden erlangen.

6. *Friede ist wild.*
Fühlen Sie den wilden Frieden. Er ist nicht ruhig. Er beherrscht das Feld gleich wilden Blumen, wie es der israelische Dichter Yehuda Amichai ausdrückte. Ich empfinde das, wenn ich an Dresden denke, die Stadt, die von den Bomben des Zweiten Weltkriegs dem Erdboden gleichgemacht wurde und deren Bewohner keine Zeit mit Schmerz oder Schuldzuweisungen verschwendeten, sondern sofort begannen, ihre Stadt selbst aus der Asche wieder zu erbauen. Das ist wilder Friede. Ich denke an die Heimatfront in den USA während dieses Krieges. Damals war Amerika von mehr »freier Liebe« bestimmt als in den 60ern. In den 40ern hieß freie Liebe, Butter, Eier und Benzin für die Jungs an der Front einzusparen. Es bedeutete nächtliche Gebetswachen und Fließbänder, die die ganze Nacht hindurch liefen, es hieß Fremden als Freunden zu begegnen und Freunde zur Familie zu zählen. Die Welt lag im Krieg, aber die Vereinigten Staaten waren von Liebe und Frieden bestimmt.

Frieden kommt inmitten der Dinge, nicht als Nachwirkung. Sie werden den Frieden nur im Herzen des Krieges finden, nicht in der Distanz.

Fürstinnen laufen immer Epiktet in die Arme und werden von seinen Worten umfaßt, ob sie nun von einem Sieg, einer Niederlage oder einem Waffenstillstand zurückkehren. Sie sind ihre verläßlichsten Verabredungen.

Wenn Sie Angst haben oder kurz vor einem Durchbruch stehen, dann fragen Sie sich: Wann scheint eine Kerze am hellsten?

Die Antwort ist immer: im Dunkeln.

Danksagungen

Zwanzig Jahre im Verlagsgeschäft ließen mich meinen, ich wüßte alles, was man wissen muß, um ein Buch zu machen. Aber wenn ich nicht das Glück gehabt hätte, drei Genies zu begegnen, hätte dieses Buch niemals geschrieben werden können. Ich danke ihnen in der Reihenfolge, in der sie in mein Leben kamen.

Betty Sue Flower, Professorin für Englisch an der University of Texas in Austin, weiß alles. Man muß nicht mit einer Frage zu ihr kommen – sie erscheint im richtigen Moment mit den Antworten. Das Wort »Brillanz« gehört ihr. Betty Sue lehrte mich, über das Lesen von Gedichten hinaus in allem Dichtkunst zu sehen. Sie ist ein Überbleibsel aus jenen Tagen, in denen Homer noch nicht zu blind war, um in den Himmel zu schauen, wunderschöne blonde Genies zu sehen und sie Göttinnen zu nennen.

Sandra Dijkstra kannte ich bereits seit Jahren als Agentin, hatte mir aber nie träumen lassen, daß sie einmal *meine* Agentin werden würde. Sosehr ich sie als Lektorin fürchte – es gibt keine härtere Agentin –, sosehr liebe ich sie als Autorin. Sie las Fahne um Fahne, beriet, ermutigte, inspirierte mich und bot mir die tiefen

Einsichten aus ihrem eigenen wunderbaren Buch *Flora Tristan* an. Sie ist einzigartig – Kreativität ganz in den Dienst ihrer Autoren gestellt.

Vor Betsy Lerner habe ich großen Respekt, und hier sind Huldigungen angebracht. Betsy ist eine ganze Nation in einer Person, genial und voller unglaublicher Ideen zu Menschen, Geschehnissen und Dingen. Als meine Lektorin beschämte sie mich – ich meinte, meinen Beruf und meinen Job zu beherrschen, aber sie lehrte mich so vieles. Nach jedem Fahnenabzug hielt Betsy unbeirrbar an einer Vision von einem Buch und einem strengen Qualitätsanspruch fest. Jeder, der mit Betsy zu tun hat, hat maßloses Glück gehabt.

Viele Menschen bei Doubleday schenkten mir ihre Zeit, ihre Energie und ihre Kreativität. Ich begann, mich wie die Sultanin von Brunei zu fühlen, als ich jeden Tag auf meinem Tisch Reichtümer in Form von Ermutigungen, Vorschlägen, künstlerischen Arbeiten und Umschlagentwürfen fand. Mario Pulice gab der amerikanischen Ausgabe von *The Princessa* ihr wunderschönes Cover, so wie er in der Vergangenheit schon viele schöne Umschläge für die Bücher in meinem Verlag Currency entworfen hat. Meine engsten Kolleginnen und Kollegen von Currency, Jennifer Breheny, Lisa Branccaccio, Michael Ianazzi und Laurel Cook, hielten immer lebensrettende Vorschläge und Unterstützung bereit. Jede und jeder von ihnen ist aus eigener Kraft genial. Arlene Friedman, die Verlegerin von Doubleday, war eine gottgesandte Chefin, die mich bestärkte, das Buch fertig zu schreiben, und die den Publikationsprozeß klug überwachte. Michael Palgon hat eine feste, leitende Hand in den schwierigsten Bereichen des Geschäfts. Pat Mulcahy, der Cheflektor von Doubleday, hat mir gezeigt, was Charme und Lachen bewirken können. Brandon Saltz und Laura Hodes, Assistenten bei Doubleday, nehmen Einmischungen des Autors mit ungewöhnlicher Gelassenheit hin. Die Gespräche mit Nan Talese waren wie ein Glas kühlen Wassers für mich, wenn ich mich einmal wie eine Wüstenreisende fühlte. Kathy Trager, Paula Breen, Carol Lazare, Janet Hill und – natürlich – Emma Bolton sind vorbildliche Fürstinnen, die ich beobachtete und von denen ich lernte. Tom Chill machte es fast unmöglich, die zwei Berufe des Schreibens und des Lektorierens auszuüben, denn er ist auf beiden Gebieten herausragend – es war eine Freude, ihm dabei zuzuschauen.

Ich schulde Stephen Rubin, inzwischen Präsident der internationalen Abteilung von Doubleday, großen Dank. Er war einer der ersten Unterstützer dieses Projektes, so wie David Gernet von Gernet Industries. Bill Barry, inzwischen Unternehmenschef bei Doubleday, war eine zuverlässige Quelle der Inspiration, Einsicht und der Skrupel. Diese drei Großen benötigen wohl kaum ein Buch über Macht, aber sie machten es dennoch möglich, daß dieses erscheinen konnte. Martha Levin, Verlegerin von Anchor Books, hat einem ehrwürdigen Verlag ein besonders ausgesuchtes Programm verliehen, und so war ich nicht überrascht, als sie sich vor drei Jahren auf einem Lektoren-Treffen an mich wandte und sagte: »Sie sollten ein Buch über Macht schreiben.« Sie ist immer dabei, Bücher zu erfinden, selbst an den ungewöhnlichsten Orten.

Wir leben in einer Welt der Allegorie, und deshalb sieht Jack Hoeft, der leitende Manager von Doubleday, nicht nur wie die legendäre Esche aus, sondern paßt auch auf vielerlei inspirierende Weise zu dem Adjektiv »überragend«. »Geliebt« ist ein Wort, das nur auf die allerwenigsten Chefs einer Firmengruppe zutrifft, aber zu Jack paßt es, denn die Menschen lieben und bewundern ihn. Ich habe Jack nie anders als machiavella-istisch kennengelernt. Es war immer eine Ehre, eine seiner Mitarbeiterinnen und nun auch eine seiner Autorinnen zu sein.

Und was meine Autoren betrifft, so kann ich sagen, daß keine Lektorin je mit besseren beschenkt wurde. Ich habe in den fast zehn Jahren, seit es den Currency Verlag gibt, von ihnen gelernt. Ich hatte die besten Lehrer, vor allem aber Andy Grove, leitender Manager und Vorstandsvorsitzender von Intel, der mir beibrachte, daß Paranoia gut ist, obwohl er vielmehr ein Beispiel für Pronoia ist. Dee Hock, Begründer und ehemaliger Chairman von VISA, lehrte mich, daß die Zeit der Macht von Befehl und Kontrolle vorbei ist und daß Frauen viel stärker sind als Männer. Peter Senge von MIT ist ein Lehrer von soviel Licht und Geist, daß man das Gefühl hat, im Paradies zu lernen und zu arbeiten. Jack Stack von Springfield Remanufacturing zeigte mir die Schönheit und die Freiheit im Alltäglichen. Bo Burlingham, der Verleger von *Inc.* und anderen Magazinen, besitzt eine Stimme der Menschlichkeit, die so großzügig ist, daß ich nicht anders konnte als zu versuchen, meine eigene nach seinem Vorbild auszurichten. Jacob Needleman, Philosoph, reine Seele: Man kann nicht länger als eine Minute in Jerrys Gegenwart verbringen, ohne sich zu fragen: »Wie konnte das Universum das Glück haben, einen Übersetzer wie ihn zu finden, der es mit einem Sinn versieht?« Christopher Maurer von der Vanderbilt University, Art Kleiner und David White haben Currency hervorragende Bücher gebracht, die mein Denken veränderten. Barry Nalebuff und Adam Brandenburger öffneten mir die Augen für die Möglichkeit einer allgemeingültigen Strategie von der Veränderung des Spieles, die sie als die Grundlage für die Theorie des Spielens in ihrem wunderbaren Buch *Co-opetition* benutzen. Das Buch *Manager Power* von Tracy Goss und ihr Kurs über *Executive Reinvention* veränderten mein Leben und unzählige andere Leben darüber hinaus. Sally Helgesen ist eine große Autoritätsperson unter weiblichen Führungskräften, und ihr Buch *The Female Advantage* war wichtig für mich. Roseanne ist von Natur aus eine besondere Lehrerin, sie ist klug, weise und eine grimmige Kriegerin. Werner Erhardt ist ein Mann vor Männern, ein herausragender Denker und unglaublich gewandter Unterhalter. Napier Collyns ist in den zehn Jahren, die ich ihn kenne, immer ein intellektuelles Fest für mich gewesen. Roger Ailes und Jon Kraushar sind zwei Institutionen der Macht; sich in ihrer Nähe zu befinden bedeutet, langsam zu begreifen, wie es möglich ist, derart begabt und gleichzeitig »gutmensch« zu sein.

Ich bin außerdem durch die Bekanntschaft der beiden klugen jungen Eulen Alan Webber und Bill Taylor bereichert worden, die Miterfinder des herrlichen neuen Magazins *Fast Company*. Herbert Allen von Allen and Company gönnte mir eine ernsthafte Erziehung, nicht nur in Sachen Macht, sondern – viel wichtiger – in Sachen Vergebung. Mickey Schulhof und Paola Schulhof sind Meister der Leichtigkeit und der Großzügigkeit der Macht. George Gendron, Cheflektor von *Inc.*, hat faszinierende Gedanken, bevor irgend jemand anders auf der Welt darauf kommt. Deb Futter von Random House las erste Fahnen und war freundlich genug zu sagen: »Mach weiter so!« Tausend Dank an Rita Holm von der Sandra Dijkstra Agency, die ihre Kritik mit der lebenswichtigen Einsicht und Einfühlung vorbrachte, von der ein Hirnchirurg lernen könnte. Bob Daniels, Redakteur bei Doubleday, verdient es, dafür gerühmt zu werden, daß er – wie Henry James es einmal nannte – »zärtlich aufmerksam und reichhaltig verantwortlich« war. Seine Anmerkungen zu dem Manuskript waren sorgfältig und verschönernd wie Brüsseler Spitze. Ich schulde ihm Dank.

Zweimal im Monat im Sommersemester 1994 und im Wintersemester 1995 fühlte ich mich wie ein Bettler auf dem Ehrenplatz eines Banketts, als ich als Gastdozentin zum Thema »Die Frage der Gewalt« an das Pembroke Research Seminar der Brown University eingeladen wurde. Ellen Rooney leitete eine Gruppe von erstaunlichen Studenten, die zusammentrafen, um ihre Arbeiten und die von anderen – von Thomas de Quincy zu Slavoj Zizek – durchzuarbeiten.

Meine Familie gewährte mir große Unterstützung. Mein Bruder, Harold Rubin, ist als Präsident des Midland Memorial Hospital in Midland, Texas, nicht nur Führungskraft, sondern auch eine Institution der Macht. Welcher ältere Bruder ist nicht selbstverständlich der Schlüssel zu den Ansichten einer Frau über Macht? Meine Mutter, Sadie Rubin, drängte und schob mich in die Unabhängigkeit. Sie ist selbst eine Kriegerin par excellence. Der verstorbene Bernhard Rubin, mein Vater, bemühte sich, eine Welt zu schaffen, in der Macht und Liebe Eigenschaften ohne Unterschied waren. Yugo, Otto und Honeybear sind drei wunderbare Erinnerungen, die ich immer bewahren werde, ebenso wie meine Erinnerungen an Bob Marcinczyk.

Jeder Frau mit einer Idee, einem Traum und einem ungeheuren Problem wünsche ich Marty Leaf. Marty ist ein mächtiger New Yorker Anwalt (bei Morrison Cohen Singer and Weinstein), ein Intellektueller und ein Retter, der immer da ist. Ich habe einmal ein Buch gelesen, in dem Moses als »mütterlicher Vater« beschrieben wurde, und diese Beschreibung trifft auf Marty zu, der das Gesetz kennt und es mit größtmöglicher eleganter und sanfter Zuneigung praktiziert.

Und schließlich Avram Miller, brillanter Technologe, Vorbild, Metaphysiker, dem dieses Buch gewidmet ist. Er lehrte mich Liebe und Krieg, und – als ob das nicht genug wäre – auch die wertvollste Lektion, die eine Fürstin lernen kann, nämlich daß es dumm ist, sich die Zukunft vorstellen zu wollen, wenn man sie doch einfach selbst erschaffen kann.

Anmerkungen

S. 9 – Katherine Anne Porter, *The Collected Essays*. Dell, New York 1973, S. 56.

S. 9 – Die Parabel von den Schwestern habe ich übernommen aus: James R. Mellow, *Charmed Circle: Gertrude Stein and Company*, Avon Books, New York 1975, S. 59.

S. 14 – Das Zitat von Arbus stammt aus: Patricia Bosworth, *Diane Arbus. Leben in Licht und Schatten. Eine Biographie.* Goldmann Verlag, München 1994, S. 354.

S. 16 – Das Machiavelli-Zitat ist entnommen aus: Sebastian de Grazia, *Machiavelli in Hell*. Princeton University Press, Princeton, N. J. 1990, S. 266.

S. 16 – Michael Milken ist der Inbegriff des wirtschaftlichen Aufschwungs der Reagan-Ära. Er »erfand« die junk bonds. Die Weitergabe von Insider-Informationen brachte ihn schließlich ins Gefängnis.
Michael Ovitz ist ein gescheiterter Vertreter des Hollywood-Systems. Nach einem steilen Aufstieg an die Spitze der Disney-Filmproduktion stürzte er dann ebenso schnell wieder ab. (Anm. d. Ü.).

S. 17 – Das Konzept der Tradition stammt von: Frederick Turner aus einem unveröffentlichten Essay über Miklós Radnóti, 1996.

S. 21 – »die hilfsbereite Feindin« s. Albert Murray, *The Hero and the Blues*. Vintage Books, New York 1995, S. 37.

S. 21 – Roberta Reeder, *Anna Akhmatova: Poet and Prophet*. St. Martin's Press, New York 1994.

S. 22 f. – Irene Mahoney, *Katharina von Medici, Königin von Frankreich*. Callwey, München 1977.

S. 22 f. – Anne Somerset, *Elisabeth I*. St. Martin's Press, New York 1991.

S. 24 – Vita Sackville-West, *Jeanne d'Arc, die Jungfrau von Orleans.* Wegner, Hamburg 1937.

S. 24 – Mark Twain, *Personal Recollections of Joan of Arc.* In: *Historical Romances.* Library of America, New York 1994.

S. 24 – Farley Mowat, *Woman in the Mists: The Story of Dian Fossey and the Mountain Gorillas of Africa.* Warner Books, New York 1987. Auch: Dian Fossey, *Gorillas im Nebel. Mein Leben mit den sanften Riesen.* Kindler Verlag, München 1989.

S. 25 – Ralph G. Martin, *Golda Meir: The Romantic Years.* Charles Scribner's Sons, New York 1988.

S. 25 – Octavio Paz, *Sor Juana Inés de la Cruz oder die Fallstricke des Glaubens.* Suhrkamp Verlag, Frankfurt/M. 1991.

S. 26 – Sojourner Truth, *The Narrative of Sojourner Truth.* Hg. v. Henry Louis Gates jr. Schomburg Library of Nineteenth Century Black Women Writers, New York 1991, S. 116

S. 27 – Die Geschichte von dem Jungen und dem Restaurant wurde von Betty Sue Flowers während des Currency Shakespeare Seminar im Juni 1996 in New York City erzählt.

S. 27 – Isadora Duncan, *Mein Leben, meine Zeit.* Moewig, Rastatt 1981.

S. 28 – Stonewall Jackson (1824–1863) war im amerikanischen Bürgerkrieg Offizier auf der Seite der Südstaaten. Er wird als rechte Hand Lees, als äußerst fähiger Taktiker und Stratege, aber auch als moralisch besonders integerer Mensch beschrieben. Den Spitznamen »Stonewall« erhielt er nach seinem ersten großen Einsatz gegen den Norden, bei dem er die Stellung hielt (Anm. d. Ü.).

S. 29 f. – Benazir Bhutto, *Daughter of Destiny: An Autobiography.* Simon & Schuster, New York 1990.

S. 31 – Victoria Glendinning, *Rebecca West: ein Leben.* Arche Verlag, Zürich 1992.

S. 32 – Erik Homburger Erikson, *Gandhis Wahrheit. Über die Ursprünge der militanten Gewaltlosigkeit.* Insel Verlag, Frankfurt/M. 1971.

S. 33 – James Baldwin, *The Fight: Petterson vs. Liston.* Antaeus 62 (Frühjahr 1989).

S. 33 – Tom Robbins, *Sissy – Schicksalsjahre einer Tramperin.* Rowohlt Verlag, Reinbek 1983, S. 80.

S. 33 – Helen Gurley Brown war Chefredakteurin von *Cosmopolitan* in den USA und ist jetzt Präsidentin der Cosmopolitan-Gruppe (Anm. d. Ü.).

S. 35 – Dem Motto zum »Buch der Strategie« liegt eine Zeile über Krieg und Wissen von Carlos Castaneda zugrunde, aus: *Reise nach Ixtlan.* S. Fischer Verlag, Frankfurt/M. 1976.

S. 37 ff. – Die Idee der Erhabenheit der Spionage stammt von Roseanne: »Ich habe immer den Eindruck gehabt – durch die Erfahrungen, die ich auf meinen eigenen Schlachtfeldern zu Hause während der Kindheit gemacht habe –, daß der höchste Grad von Moral, Gewissenhaftigkeit und Geschicklichkeit, den eine Frau erlangen kann, tatsächlich ›Spionieren‹ ist.« Aus einem unveröffentlichten Essay.

S. 43 f. – Die fünf Warum sind übernommen aus: Peter Senge, *Das Fieldbook zur fünften Disziplin*. Verlag Klett-Cotta, Stuttgart 1996.

S. 46 f. – Die Beobachtungen über die Wahrheit sind von John Lahr übernommen aus: *Dealing with Roseanne.* The New Yorker, Juli 1995.

S. 50 – Rebecca West, *Black Lamb and Grey Falcon: A Journey Through Yugoslavia.* Penguin Books, New York 1994.

S. 51 – Janet Wallach, *Desert Queen: The Extraordinary Life of Gertrude Bell.* Doubleday, New York 1996.

S. 54 – Hinweise zu Anna Achmatova: s. Reeder, a.a.O.

S. 54 f. – Marilyn Yalom, *Blood Sisters: The French Revolution in Women's Memory.* Basic Books, New York 1994.

S. 55 – Zu Persephone: Edith Hamilton, *Mythology: Timeless Tales of Gods and Heroes.* Mentor, New York 1969, S. 54.

S. 55 ff. – Über Jeanne d'Arc s. Twain, a.a.O.

S. 58 f. – Die Geschichte vom Philosophen und Lehrer stammt aus einem privaten Gespräch.

S. 61 – Das Zitat von John Evans ist aus einem privaten Gespräch übernommen.

S. 63 – Das Zitat aus »Wiedersehen in Howards End« ist übernommen aus: Adrienne Rich, *Von Frauen geboren: Mutterschaft als Erfahrung und Institution.* Verlag Frauenoffensive, München 1979, S. 58.

S. 64 – Der Dichter und Kritiker Fred Turner weist in zahllosen Reden auf die gesellschaftliche Bedeutung von Dichtern hin.

S. 66 – Das Zitat von Alanis Morissette stammt aus: *Better to Sing the Teen-Age Life than Live It* von Jon Pareles, New York Times, 18. Februar 1996.

S. 73 – Lou Andreas-Salomé zitiert in: Lisa Appagnesi/John Forrester, *Die Frauen Sigmund Freuds.* List Verlag, München 1994, S. 334.

S. 75 – Catherine S. Manegold, *Tempering Troubled Waters: Myrlie Evers-Williams.* New York Times, 20. Februar 1995.

S. 75 – Die NAACP, die National Association for the Advancement of Colored People, ist die Bürgerrechtsorganisation der Schwarzen, die 1954 die Aufhebung der Rassentrennung in den Schulen der USA durchsetzte (Anm. d. Ü.).

S. 75 – »Die meisten Menschen leben in ihren Träumen …«, aus: Castaneda, a.a.O.

S. 76 – Über Gertrude Bell s. Wallach, a.a.O.

S. 78 ff. – Die Geschichte von Magda Trocmé aus: Philip Hallie, *Let Innocent Blood Be Shed: The Story of the Village of Le Chambon and How Goodness Happened There.* HarperCollins, New York 1994, S. 163.

S. 88 ff. – Die vier Arten der Spannung sind auf andere Weise und mit anderen Begriffen verwendet in: Elaine Scarry, *War and the Social Contract: Nuclear Policy, Distribution, and the Right to Bear Arms.* University of Pennsylvania Law Review 139, No. 5 (Mai 1991).

S. 95 f. – »Magersucht der Macht« – dieser Begriff wurde zum ersten Mal in einem Gespräch mit Betty Flowers verwendet.

S. 104 ff. – Diane Wolkstein/Samuel Noah Kramer, *Inanna: Queen of Heaven and Earth.* Harper & Row, New York 1983.

S. 106 f. – Die Geschichte von den Konkubinen stammt aus: Sun Tzu, *The Art of War.* Oxford University Press, London 1963, S. 57–58.

S. 108 – Über Dian Fossey s. Mowat, a.a.O.

S. 109 – Über Gandhi s. Erikson, a.a.O.

S. 109 f. – Connie Bruck, *Hillary the Pol.* The New Yorker, 30. Mai 1994.

S. 112 f. – Über Gandhi s. Erikson, a.a.O.

S. 114 f. – »Denken Sie durch den Körper« – s. Scarry, a.a.O.

S. 115 – Gandhi und das Ahimsa s. Erikson, a.a.O.

S. 115 f. – Die Sätze in Punkt drei sind Gandhis Philosophie der Gewaltlosigkeit entlehnt, wie sie Erikson beschreibt.

S. 117 – Die Taktik der Zapatista-Rebellen war dargestellt in: The Economist, special supplement on high-tech warfare, 3. 9. 1994.

S. 117 – Phyllis Grosskurth, *Melanie Klein: Ihre Welt und ihre Werk.* Verlag Internationale Psychoanalyse, Stuttgart 1993.

S. 119 f. – »Reduzieren Sie den Konflikt auf das Wesentliche« – s. Erikson, a.a.O.

S. 121 f. – »Beobachten Sie jede Situation auf ihr Gegenteil hin« – s. Erikson, a.a.O.

S. 122 ff. – »Seien Sie bereit, verletzt zu werden, aber nicht zu verletzen« – s. Erikson, a.a.O.

S. 122 f. – »Seien Sie ehrlich …« – s. Erikson, a.a.O.

S. 123 – »Handeln Sie nie aus Rache« – s. Erikson, a.a.O.

S. 123 f. – Über die mangelnde Schönheit von George Eliot: Gordon Haight, *George Eliot: A Biography.* Penguin Books, London 1992, S. 115–116.

S. 123 f. – Über die Strategien von George Eliot: Ruby V. Redinger, *George Eliot: The Emergent Self.* Knopf, New York 1975.

S. 125 f. – »Erfinden Sie etwas Neues, um eine Grenze zu versetzen« – s. Erikson, a.a.O.
S. 125 f. – Mellow über Gertrude Stein, a.a.O.
S. 126 ff. – »Führen Sie Ihre Kampagne ganz offen und aus der Nähe« – s. Erikson, a.a.O.
S. 126 – Zitat von Mary Lindell aus dem Film *One Against the Wind.*
S. 129 – Elisabeth Young-Bruehl, *Hannah Arendt. Leben, Werk, Zeit.* S. Fischer Verlag, Frankfurt/M. 1986, S. 169.
S. 130 f. – »Bringen Sie Ihrer inneren Stimme bei, einmal den Atem anzuhalten« – s. Erikson, a.a.O.
S. 130 – Die Geschichte von Diane Arbus s. Bosworth, a.a.O., S. 59 f.
S. 131 f. – »Appellieren Sie an das ›bessere Selbst‹ Ihres Feindes« – s. Erikson, a.a.O.
S. 131 – Sojourner Truth, a.a.O., S. 116–117.
S. 132 – »Vertrauen Sie sich selbst, was Ihr Leiden, aber auch Ihren Triumph angeht« – s. Erikson, a.a.O.
S. 132 ff. – »Seien Sie bereit, die Veränderungen im Gegner zu akzeptieren …« – s. Erikson, a.a.O.
S. 134 – George Eliot zitiert in: Redinger, a.a.O., S. 315.
S. 134 f. – »Nehmen Sie jedes Leiden, auch Verlust oder Demütigung …« – s. Erikson, a.a.O.
S. 136 ff. – »Die größte Kraft ist die des Abschieds« – s. Erikson, a.a.O.
S. 136 – Das buddhistische Sprichwort ist zitiert in: Deborah Kolb, *Negotiating Women*, unveröffentlichte Abhandlung.
S. 137 f. – Die Geschichte der mutigen Bergsteigerin wurde in einem Privatgespräch von John Tarrant berichtet.
S. 139 – Roger Shattuck, *Emily Dickinson's Banquet of Abstemiousness.* New York Review of Books, 6. Juni 1996.
S. 139 f. – Über George Eliot s. Haight, a.a.O., S. 516.
S. 141 – Naomi Shihab Nye, *Words under the Words: Selected Poems.* Eighth Mountain Press, Portland, Oreg. 1995.
S. 143 – Die Geschichte der heiligen Ursula aus: Kathleen Norris, *The Cloister Walk.* Putnam, New York 1996.
S. 144 f. – Über Rocky Marciano: Joyce Carol Oates, *On Boxing.* Doubleday/Dolphin, Garden City, N.Y. 1987, S. 28–29.
S. 145 – Peggy Mann, *Golda: The Life of Israel's Prime Minister.* Washington Square Press, New York 1973, S. 172.
S. 146 f. – Über die Kindheit von Rand: Claudia Roth Perpont, *Twilight of the Goddess.* The New Yorker, 24. Juli 1995.
S. 147 – Barbara Branden, *The Passion of Ayn Rand.* Doubleday, Garden City, N.Y. 1986.
S. 151 – Zitat über die griechischen Helden aus: Porter, a.a.O., S. 137.

S. 154 – Die Geschichte vom Protest in Indien aus: Amitav Ghosh, *The Ghosts of Mrs. Gandhi.* The New Yorker, 17. Juli 1995.

S. 155 – Der Edelstein von Porter, beschrieben in: Joan Givner, *Katherine Anne Porter: A Life.* University of Georgia Press, Athens, Ga. 1991, S. 448.

S. 155 f. – Denis Diderot, *The Indiscreet Jewels.* Marsilio Publishers, New York, N.Y. 1993.

S. 157 f. – Blanche Weisen Cook, *Eleanor Roosevelt: Volume I: 1884–1933.* Penguin, New York 1993, S. 230–236.

S. 158 – West, a.a.O., S. 16–17.

S. 158 f. – Sojourner Truth, a.a.O.

S. 159 f. – Über den Gebrauch von Erklärungen: Tracy Goss, *Manager Power – Mutig entscheiden – mutig handeln.* Metropolitan Verlag, Düsseldorf 1997.

S. 160 – Die Geschichte von Wu Yi in: Elsa Walsh, *Profile: Charlene Barshevsky.* The New Yorker, 8. März 1996.

S. 165 – Über Golda Meir s. Martin, a.a.O., S.304.

S. 165 f. – Über Melanie Klein s. Grosskurth, a.a.O.

S. 166 f. – Über Mary Lindell, a.a.O.

S. 170 f. – Erna F. Rubinstein, *The Survivor in Us All: Four Young Sisters in the Holocaust.* Shoestring Press, Hamden, Conn. 1986.

S. 171 – Die Geschichte von Rubinsteins Ehe wurde während eines Programms der Shoah Foundation in Boca Raton, Florida, im September 1995 berichtet.

S. 175 – »Wilder Friede« – s. Yehuda Amichai, *Collected Poems.* HarperCollins, New York 1994.

S. 175 – Über Isadora Duncan s. Duncan, a.a.O.

S. 175 f. – Über Suzanne Farrell s. Shattuck, a.a.O.

S. 176 – Der Soldat ist James Stockdale. Der Kommentar zu Epiktet wurde von Lieutenant Colonel Larry R. Donnithorne in einem Privatgespräch erwähnt.

S. 176 ff. – Stockdales Erfahrungen in Vietnam und mit Epiktet sind in seiner unveröffentlichten Abhandlung *What Is Stoicism?* vom August 1993 dargelegt.

Ausgewählte Literatur

Ein Reiseführer zur Sonne

Die Dichterin Mina Loy schrieb ein Buch mit Gedichten, das sie *Lunar Baedeker* (»Reiseführer zum Mond«) nannte, denn es enthielt ihre Wanderungen als Exilantin und Ausgebürgerte – eine Frau am Rande der künstlerischen Kriege des beginnenden 20. Jahrhunderts. Die nun folgende Literaturliste stellt die Kartographie nicht der grauen Außenbezirke der Vorstellungskraft, sondern der Geschehnisse an vorderster Front dar – der Arbeit im vollen Tageslicht. Diese Bücher beschreiben die Gewohnheiten derer, die durch die Sonne arbeiten und zu ihr hinfliegen würden, wenn sie könnten. Jedes wirft ein phantastisches Licht auf Leben, Stärke und Macht. Sie waren meine Reisen, meine Mahlzeiten und meine Unterkunft während der drei Jahre, die ich dem Schreiben dieses Buches widmete, und während der vorangegangenen zehn Jahre, die ich darauf verwandt hatte, Macht verstehen zu lernen.

Arendt, Hannah und Jaspers, Karl, *Briefwechsel 1926 – 1969.* Hg. v. Lotte Köhler und Hans Sauer. Piper Verlag, München 1993.
Lesen Sie, was immer Sie von Hannah Arendt finden können, aber vor allem ihre Briefe, um zu sehen, wie eine brillante Frau lernte, ein freies Leben zu leben. Jaspers war Arendts Mentor.

Blixen, Karen, *Afrika, dunkel lockende Welt* (»Out of Africa«). Rowohlt Verlag, Reinbek 1985.
Blixen erzählt in diesem Buch von ihrem Leben als Kaffee-Farmerin in Kenia, Jägerin, Köchin, Liebhaberin, betrogene Frau, siegreiche Frau und Autorin dieses Meisterwerkes, das sie 1936 fertigstellte. Sie schreibt: »Ein weißer Mann, der Dir etwas Nettes sagen will, würde

zu Dir sagen: ›Ich kann Dich nicht vergessen.‹ Afrikaner sagen zu Dir: ›Wir können uns nicht vorstellen, daß Sie uns je vergessen können.‹«

Broyard, Anatole, *Intoxicated by My Illness, and Other Writings on Life and Death.* Fawcett, New York 1992.
Es gibt viel Literatur zum Triumph über Krankheit, aber dieses Buch gehört zum Besten. Broyard besaß schon immer eine über das Leben hinausragende Persönlichkeit, aber als er an Prostatakrebs erkrankte, nutzte er dies, um mehr er selbst zu werden, nichts weniger. Ein Beispiel: »Nur indem Sie auf Ihrem Stil beharren, können Sie verhindern, daß Sie die Liebe zu sich selbst verlieren, wenn die Krankheit versucht Sie einzuschränken oder zu verunstalten.«

Cather, Willa, *Das Lied der Lerche.* Albrecht Knaus Verlag, München 1991.
Die Erzählung über ein Mädchen, das in der rauhen Gegend der Ebenen des mittleren Westens aufwächst und Sängerin wird. »Ich will nur die unmöglichen Dinge«, sagt sie, »die anderen interessieren mich nicht.«

Cioran, Emile M., *Von Tränen und von Heiligen.* Suhrkamp Verlag, Frankfurt/M. 1988.
Die von dem rumänischen Philosophen in Anekdoten erzählten Geschichten von Mystikerinnen.

Coles, Robert, *Simone Weil, A Modern Pilgrimage.* Addison-Wesley, Reading, Mass. 1989.
Das Leben einer modernen Antigone. Weil starb jung, beeinflußte jedoch Dichter, Staatsmänner und Theologen. Wie Coles schreibt, konzentriert das Beispiel von Weil den Geist aller Betrachter und macht ihre Herzen weit. Lesen Sie auch das Meisterwerk von Simone Weil, *Das Unglück und die Gottesliebe.* Kösel, München ^{2}1961.

Colette, *Earthly Paradise.* Farrar, Strauss & Giroux, New York 1966.
Die autobiographischen Schriften der Meisterin der gefühlvollen Prosa, die sagte: »Blicke lange auf das, was Dir Freude bereitet, und noch länger auf das, was Dir Schmerz bereitet.«

David-Neél, Alexandra, *Mein Weg durch Himmel und Hölle. Das Abenteuer meines Lebens.* Scherz Verlag, Bern/München/Wien 1988.
Die kühnen Reisen einer französischen Orientalistin, die vierzehn Jahre

lang in Tibet lebte, wo sie spirituelle Übungen, Kontrolle der Körperwärme, Atemübungen (wenn sie »Nachrichten in den Wind« sandte) und sogar den Horror der Geisterbeschwörung durchlebte. Dieses Buch läßt alle anderen autobiographischen Abenteuer als Kleinigkeiten erscheinen.

Eliot, George, *Daniel Deronda.* Manesse Verlag, Zürich 1994.
Wenn es ein Buch gibt, das dem Homers über die Kriege des Staatswesens vergleichbar ist, dann dieses über die Kriege der Intimität. Gwendolyn Harleth ist eine wunderschöne junge Frau, »die hauptsächlich sich selbst vertraute«, aber gegen eine »starke Macht unerklärter Reglementierungen« kämpfen muß. Ihr Kampf und ihr Leben als eine »Prinzessin im Exil«.

Flaubert, Gustave/Sand, George, *Eine Freundschaft in Briefen.* Hg. von Alphonse Jacobs. C. H. Beck, München 1992
Wird von vielen als der schönste Briefwechsel aller Zeiten angesehen. Als vor einigen Jahren die furchtbaren Sommerfeuer auf den Hügeln Berkeleys, Kalifornien, wüteten, wurde von einer Frau berichtet, die in ihr brennendes Haus zurücklief, um ihr Exemplar dieses Buches zu retten. In ihrem Unglück wußte sie, daß die Worte von Flaubert und Sand ihr Kraft geben würden. Diese Briefe handeln von der Liebe füreinander als eine große erhaltende Verbindung. George Sand, eigentlich Aurore Dupin, war eine Generation älter als Gustave Flaubert und hatte einen Sohn in seinem Alter.

Haggard, H. Rider, *She.* Oxford University Press, London 1991.
Phantasie einer kriegerischen Fürstin mit magischen Kräften und unsterblicher Schönheit, die einen afrikanischen Stamm unter ihre Herrschaft bringt.

Harvey, Andrew, *Der Weg ins Herz. Eine spirituelle Reise.* Rowohlt Verlag, Reinbek 1994.
Der Autor berichtet, wie er Mutter Meera, eine indische Avatar, entdeckte und was er von ihr lernte.

Herrera, Hayden, *Frida Kahlo. Ein leidenschaftliches Leben.* Fischer Taschenbuch Verlag, Frankfurt/M. 1998.
Das Leben einer Malerin, die, wie sie es beschreibt, »in ein paar Sekunden plötzlich alles wurde, während meine Freundinnen langsam Frauen wurden«, als sie einen fast tödlichen Unfall erlitt. Sie lebte ihr Leben in Extremen und erfand sich selbst viele Male neu.

Ibsen, Henrik, *Hedda Gabler.* Reclam Verlag, Stuttgart 1995.
Immer wieder lassen die Autoren von Theaterstücken und Erzählungen Medea, die ultimative Femme Fatale, auf die Bühne treten. Neben Ibsen taten das auch Shakespeare in *Macbeth* und Toni Morrison in *Menschenkind.*

LaBastille, Anne, *Die Waldfrau. Leben am Rand der Einsamkeit.* Müller Rüschlikon, Cham 1990.
Die Abenteuer einer Waldfrau, die Thoreau wörtlich nimmt und sich ein Haus im Wald baut. So faszinierend, daß Sie das Buch nicht wieder weglegen können.

Pagels, Elaine, *Adam, Eva und die Schlange.* Rowohlt Verlag, Reinbek 1994.
Eine Analyse der allerersten Begegnung von Sex und Macht.

Rush, Norman, *Die Maßnahme.* Rogner & Bernhard, Hamburg 1995.
Die Erzählung über einen der stärksten weiblichen Charaktere in der modernen Literatur. Zum Teil Komödie, zum Teil Politik – man kann sich ihr nicht entziehen.

Scarry, Elaine, *Der Körper im Schmerz: Die Chiffren der Verletzlichkeit und die Erfindung der Kultur.* S. Fischer Verlag, Frankfurt/M. 1992.
Ein dichtes, schwieriges Buch, für das Sie zwanzig Jahre benötigen werden. »Warum auch nicht?«, sagte die Autorin einmal. »Ich habe auch zwanzig Jahre gebraucht, um es zu schreiben.« Es ist die Mühe auf jeden Fall wert. Eine glänzende Beschreibung der menschlichen Verletzlichkeit.

Watzlawick, Paul, *Wie wirklich ist die Wirklichkeit? Wahn – Täuschung – Verstehen.* Piper Verlag, München 1996.
Geht in seiner Strategie der Kommunikation über Deborah Tannen hinaus, und das alles, um die Wirklichkeit wirklicher, nicht kleiner zu machen.

Dichter-Kriegerinnen

Die wahrhaftigsten Eindrücke vom Krieg der Intimität stammen immer von den Dichterinnen. Sie tragen eiserne Handschuhe an ihren sanften Fäusten.

Achmatova, Anna, *Poem ohne Held: Späte Gedichte.* Hg. v. Fritz Mirau. Reclam Verlag, Leipzig 1993.

Bishop, Elizabeth, *The Complete Poems, 1927 – 1979.* Noonday, New York 1993.
Eine deutsche Übersetzung von Gedichten Bishops findet sich in: K. Martens, *Gedichte.* Akzente 4/1986.

Der Psalter. Die Lieder König Davids beschreiben eine Unterwürfigkeit gegenüber Mächten, die größer sind als der Eroberer/Dichter selbst behauptete zu sein. Davids Name heißt »Liebender« – kein Wunder, daß der größte Eroberer des Alten Testamentes das intime Wissen von Schaffen und Zerstören miteinander verbindet.

Graham, Jorie, *The End of Beauty.* Ecco Press, Hopewell, N.J. 1987.

Tristram, Hildegard, *Studien zur Táin Bó Cuailnge.* Engl.-dt. Ausgabe. Gunter Narr Verlag, Tübingen 1993.
Das irische Epos des 18. Jahrhunderts. Ein Ehemann und eine Ehefrau, ein König und eine Königin, schlagen eine epische Schlacht, in der weibliche Krieger eine wichtige Rolle spielen.

Tagore, Rabindranath, *Wo Freude ihre Feste feiert. Gedichte und Lieder.* Herder Verlag, Freiburg i. Br. 1990.
Tagores Stück *Chitra* handelt von »der Kraft der Schwachen und der Waffe der unbewaffneten Hand«.

Cvetaeva, Marina, *Zwischen uns – die Doppelklinge: Gedichte russisch-deutsch.* Reclam Verlag, Leipzig 1994.

Klassiker über Macht

Neben Machiavellis *Der Fürst* und Sun Tzus *The Art of War* gibt es drei weitere Bücher, die die Grundfesten der Macht, auf denen die Welt aufgebaut ist, beschreiben:

De Jouvenel, Bertrand, *On Power. The Natural History of Its Growth.* Liberty Fund, Indianapolis, Ind. 1993.
Die Bibel aus dem Jahre 1945 unter den Befehl-und-Kontrolle-Methodologien.

Foucault, Michel, *Dispositive der Macht.* Merve Verlag, Berlin 1978.
Brillante Essays über – neben vielem anderen – Wahrheit und Macht, Voraussicht und Macht, Sexualität und Macht.

Russell, Bertrand, *Macht.* Europa Verlag, München 1973.
Was Freud für die Sexualität leistete, tut Russell für die Macht. Die Formen, Grenzen und Verwicklungen des Menschen im Griff des großen Ehrgeizes. Unglücklicherweise analysierte er niemals die Macht, die seine Geliebte, Ottoline Morrell, über ihn hatte.